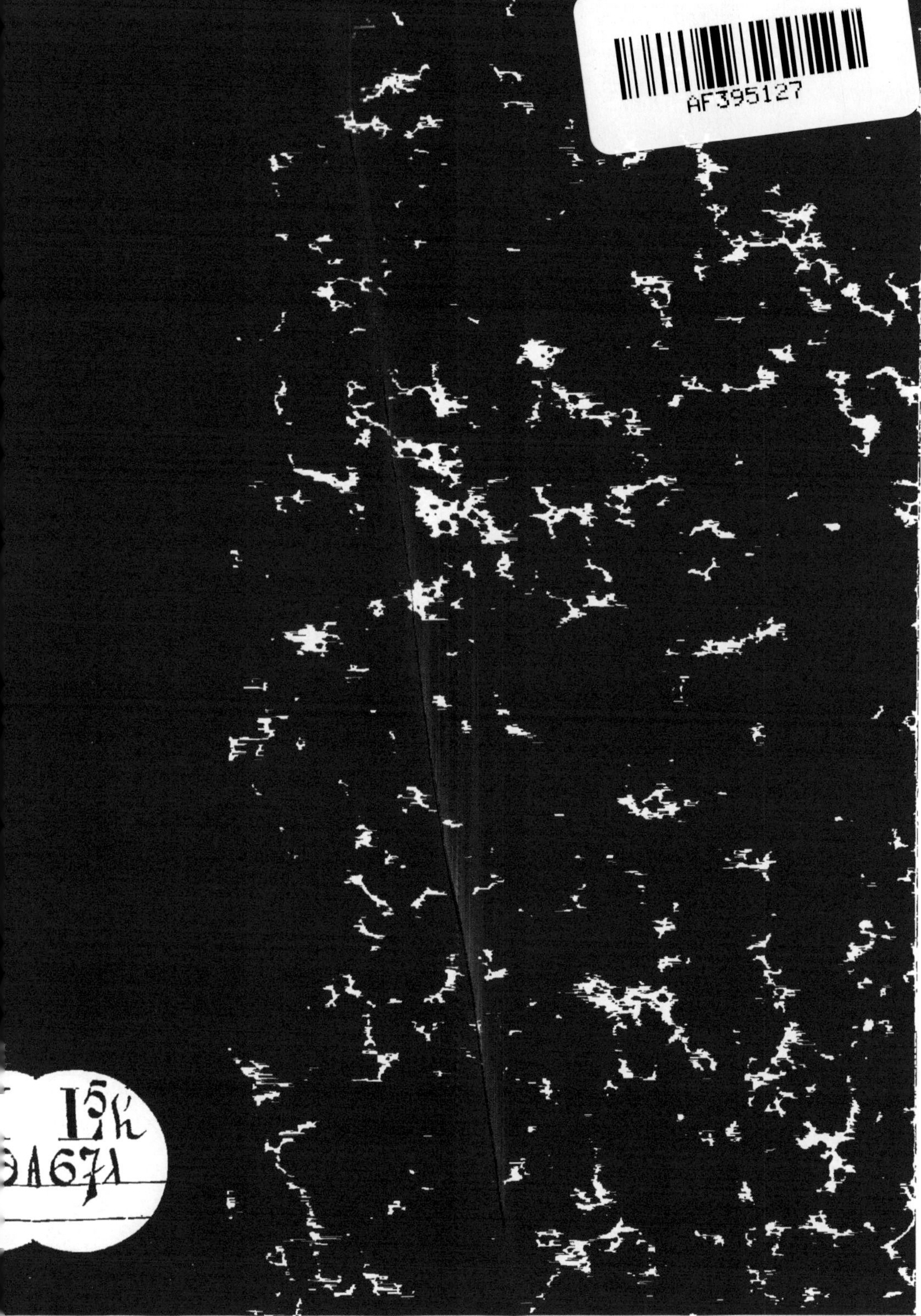

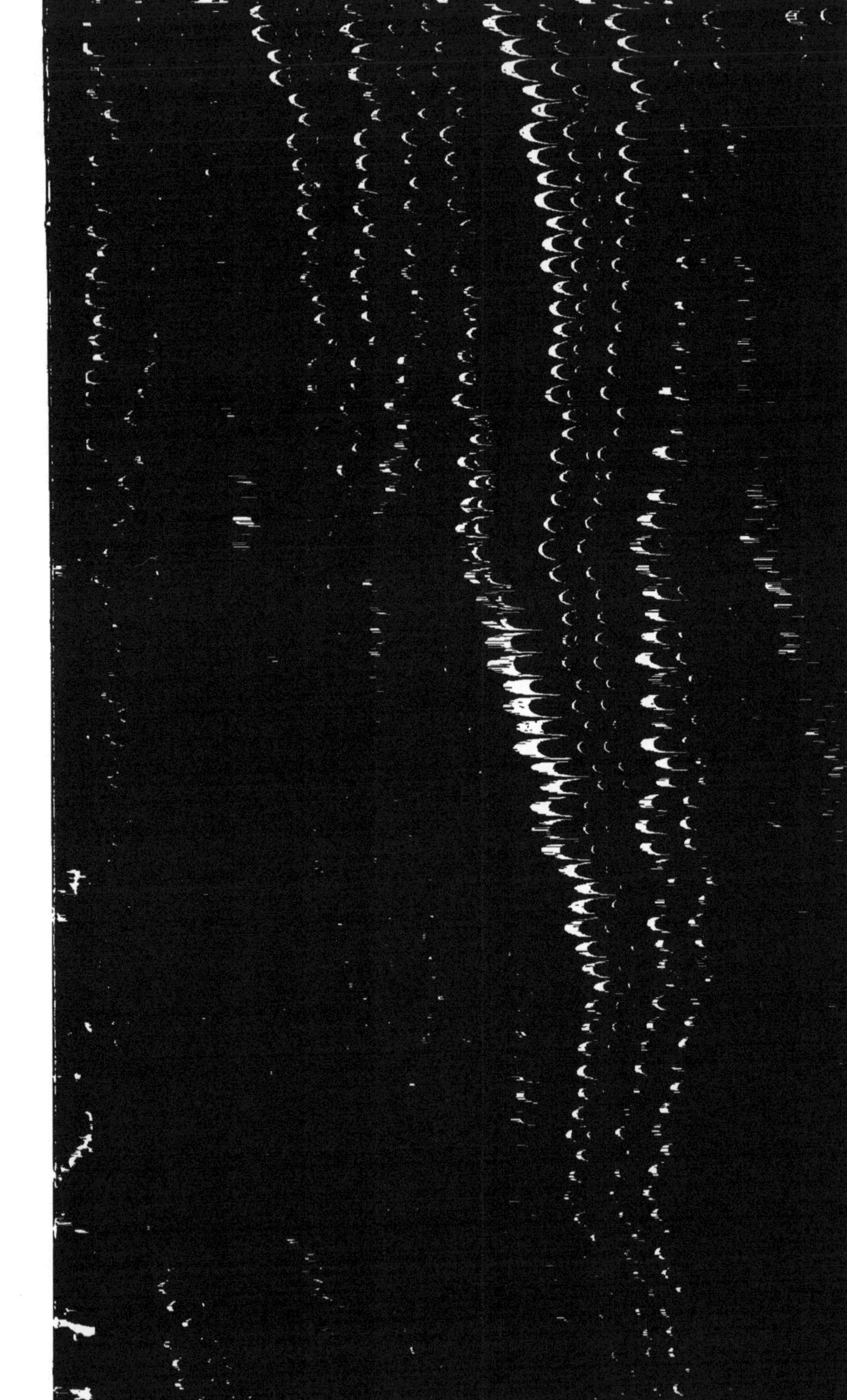

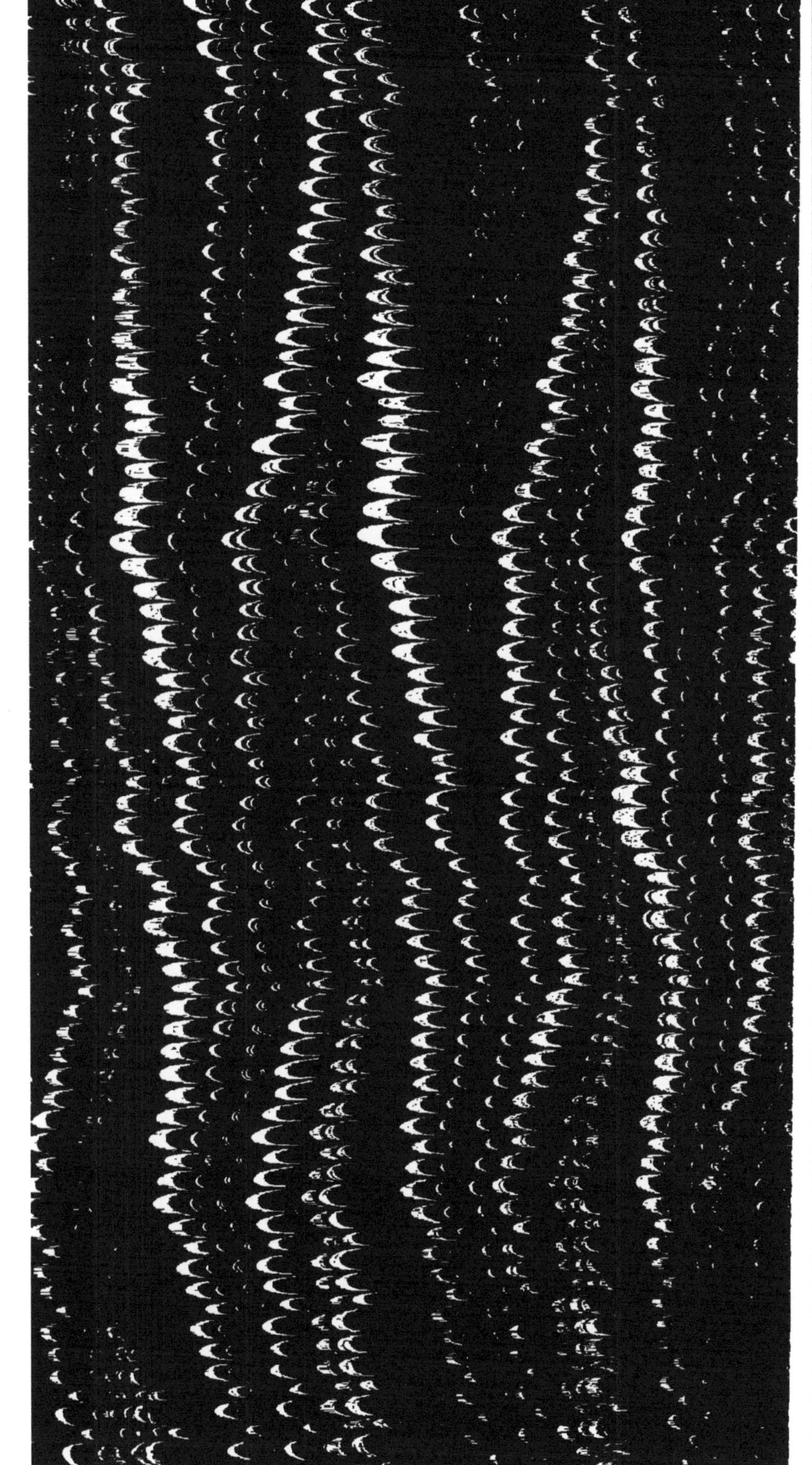

LE SIÉGE

DE HUNINGUE

PAR

un officier de la garnison

qui défendait cette place en 1813 et en 1814.

Monument élevé au général Abatucci, près Huningue.

MULHOUSE

IMPRIMERIE RISLER. — E. KŒNIG, SUCCESSEUR.

1873.

LE SIÉGE DE HUNINGUE.

Mardi, 21 décembre 1813, à 10 heures du matin, l'armée alliée passa le Rhin à Bâle pour investir la place de Huningue.

La garnison de cette ville était composée du 7e régiment d'infanterie légère, fort de mille hommes, commandés par le colonel Chancel, commandant d'armes; du régiment de la Haute-Saône, fort de mille cinq cents hommes commandés par le comte Marmier, chambellan de l'Empereur; du régiment du Bas-Rhin, fort de sept cent quatre-vingts hommes commandés par le colonel Lentz; d'une compagnie du neuvième d'artillerie, forte de cent vingt hommes commandés par le chef de bataillon Lallier; d'un détachement du 105e de ligne, fort de cent vingt-cinq hommes; d'un détachement du quatorzième régiment des chasseurs à cheval, fort de quinze hommes, et de la cohorte urbaine (garde nationale), forte de soixante hommes. Ces derniers étaient commandés par M. Neyremand, ancien chef de bataillon d'artillerie.

Les autres officiers supérieurs dans la place, étaient: Le colonel du génie Pinot; le chef d'état major Aspelli, major du 7e léger; l'adjudant-major de place Moritz, du régiment du Bas-Rhin; les chefs de bataillon Mougot, du régiment de la Haute-Saône; Glau-

bitz, Kuhn et Ponceau, du régiment du Bas-Rhin;
Butard, Morelli et Vinsson, du 7e léger.

Il y avait en tout trois mille six cents hommes de
garnison; et sept cent soixante dix-neuf âmes de population à Huningue, au moment où les alliés ont commencé à en faire le siége.

Dans la nuit du 22 décembre, vers 2 heures du
matin, le commandant Butard et l'adjudant de place
Moritz, ont pris un détachement de quatre cents hommes du 7e léger, et ont fait une sortie le long du canal
pour attaquer le Village-Neuf.

L'avant-garde française, composée de vingt hommes,
a surpris un poste ennemi, placé en-deçà du village,
sur le pont du canal. On s'est contenté pour le moment de cette surprise, et les troupes sont rentrées
en ville.

Dans la nuit du 23, les ennemis ont attaqué nos
avant-postes; une vive fusillade s'est engagée sur tous
les points. Pendant cette escarmouche, le fort de
Machicoulis a été coupé. Le lieutenant Apfel qui
commandait ce fort, voyant qu'il ne pouvait pas s'y
tenir, l'a abondonné avec une certaine précipitation,
de sorte qu'il a laissé onze de ses hommes prisonniers
entre les mains de l'ennemi, et que lui-même a f..it
une chute dans laquelle il s'est démis un bras.

Le jour suivant, 24 décembre, en plein midi, le
capitaine Sautemont, commandant la compagnie des
carabiniers du 7e léger, a attaqué Machicoulis. Le
commandant de place a immédiatement donné ordre
à un lieutenant de prendre vingt-cinq hommes et de
garder ce fort dès qu'il aurait été repris. L'attaque,
soutenue par le canon de la place, a été extrêmement

vigoureuse : Nos troupes ont repoussé les Bavarois, les ont chassés jusque dans les jardins de Bâle et leur ont tué et blessé beaucoup de monde. De notre côté, nous n'avons eu que trois hommes de tués et quarante-cinq blessés. Parmi ces derniers se trouvait le capitaine Sautemont et un adjudant-sous-officier du 7ᵉ léger, nommé J.-B. Baumgartner, de Mulhouse.

Mais bientôt nous devions perdre le fruit de ce beau succès : Dans la nuit du 25, l'ennemi a de nouveau attaqué le fort de Machicoulis, et l'officier chargé de le garder, l'a encore abandonné, parce que les moyens de défense étaient insuffisants, et qu'il était impossible de résister là-dedans à une attaque, avant que ce fort ne fût fermé par une porte bien solide. Le lendemain dans le courant de l'après-midi, ce même officier a été chargé de reprendre Machicoulis. Notre artillerie a envoyé une véritable pluie de boulets et d'obus dans les rangs ennemis; ceux-ci ont bientôt cédé sous ce feu terrible ; alors une vigoureuse sortie, faite par l'ouvrage à corne du Haut-Rhin, a suffi pour remettre le fort en notre pouvoir. Aussitôt le colonel du génie s'y est rendu pour voir si les rapports qu'on lui avait adressés sur l'insuffisance des moyens de défense de ce fort étaient exacts, et s'étant convaincu de la parfaite vérité de ces rapports, il a fait exécuter sur-le-champ les travaux nécessaires pour nous le conserver, et pour empêcher l'ennemi de nous inquiéter davantage de ce côté-là.

Dans cette attaque, nous avons eu deux hommes de tués et dix blessés. Les alliés ont été bien plus maltraités, car dans la soirée, ils nous ont fait demander une suspension d'armes de deux heures, afin de pouvoir enterrer leurs morts, ce qui leur a été accordé.

Dès le 24, l'armée alliée avait ouvert des tranchées sur la rive droite du Rhin, au-dessous du petit Huningue. Le 27, nous avons remarqué dans ces tranchées trois grandes batteries qui ne demandaient plus qu'à être perfectionnées par quelques travaux de terrassement pour être en état de jouer sur la ville.

Ces tranchées n'étaient éloignées de nous que de 500 toises (à peu près 975 mètres).

Dans la journée du 28, l'ennemi a perfectionné ses batteries, et les a achevées dans la soirée, sans que nous l'ayons inquiété dans ses travaux. La journée du 29 s'est passée dans une parfaite sécurité : on s'est livré aux douceurs du sommeil ; personne ne s'est douté de ce qui nous menaçait, lorsque vers 11 heures du soir, les batteries dont nous venons de parler, ont ouvert sur Huningue un feu terrible : Pendant quatre heures consécutives, les bombes, les boulets et les obus pleuvaient sur la ville. Les habitants effarés couraient dans toutes les directions, pour chercher un asile aux postes les mieux abrités et imploraient la pitié des soldats. L'hôpital militaire, écrasé par les bombes, a été évacué pendant la nuit, sous le feu ennemi, et les malades ont été transportés dans un grand souterrain (une casemate). Un grand nombre de bâtiments militaires et des maisons particulières ont été considérablement endommagés pendant ce bombardement ; mais il n'y a eu qu'un seul homme de tué.

L'ennemi nous a laissé en repos, pendant toute la journée du 30 ; les habitants ont ainsi eu le temps de déplorer leurs pertes et de se remettre de leur frayeur; mais la nuit suivante, le bombardement a recommencé et a duré jusqu'au 31, à 4 heures du soir. Dans l'après-midi de ce jour, une bombe est entrée par une fenêtre du bureau de place, y a blessé l'adjudant de place Moritz, et un officier du régiment du Bas-Rhin, et a tué un soldat d'ordonnance qui se trouvait à l'autre extrémité de la chambre.

C'est ici le moment de parler des casemates, où l'on s'était réfugié dès le premier jour du bombardement.

Les prisons de la porte du Rhin étaient encombrées de bourgeois couchés sur leurs matelas et entourés de leurs provisions. Une lampe éclairait chaque cachot, de sorte que les habitants de ces cellules ressemblaient passablement à des saints dans leurs niches. Chacun se plaignait, et exprimait sa douleur par des exclamations plus ou moins lamentables; l'ensemble de toutes ces voix formait un chœur parfaitement approprié aux circonstances et aux lieux où ces scènes se passaient. Transportons-nous maintenant à la grande casemate.

Cet immense souterrain avait été destiné à recevoir les liquides et les légumes dont la garnison aurait besoin pendant le siége. Plus tard, on y établit une espèce d'entresol destiné à servir de logement aux chefs de la garnison, et à quelques habitants notables de la ville. A d'autres personnes, moins huppées, on permit de se loger sur les tonneaux du magasin; mais bientôt la foule s'accrut au point que les passages furent obstrués.

Dans cet état, dit le journal du siége, ce magasin, éclairé seulement par deux ou trois lampes, gardé par des soldats qui n'étaient pas de la meilleure humeur, ressemblait assez à ce qu'on nous dit de l'empire de Pluton. On y voyait des ombres errantes, poursuivies par de mauvais génies, et le premier magistrat de la ville, semblable à Pluton, placé sur son trône redoutable, gourmandait du haut d'un tonnneau cette foule éplorée et l'invitait à faire silence !

Ainsi finit pour les assiégés l'année 1813. Les pertes éprouvées depuis le 21 décembre jusqu'à la fin de l'année, s'élevaient à treize hommes, dont sept du régiment de la Haute-Saône, deux des corps divers et quatre habitants de la ville.

Dans la nuit du 31 décembre 1813, au 1er janvier 1814, à minuit, de joyeuses fanfares nous ont annoncé le nouvel an. Un vif sentiment de bonheur a ranimé nos cœurs ; mais ce moment d'oubli a été de bien courte durée : Presque au même instant les trois batteries ennemies ont ouvert sur la ville un feu très-vif qui a continué, sans interruption, jusqu'à 4 heures du matin. Deux habitants, que la peur avait retenus dans leurs lits, ont été tués par des bombes, qui, après avoir traversé les toits et les plafonds, ont éclaté dans leurs chambres. Les maisons de la ville ont beaucoup souffert ; mais le feu n'a éclaté nulle part. L'ennemi, voyant que malgré son feu le plus meurtrier, il ne parvenait pas à faire éclater un seul incendie en ville, a fini par diriger ses coups sur vingt à vingt-cinq meules de foin et de paille qu'on avait entassées hors ville, et qui constituaient l'unique combustible, dont pour le moment, il pût tirer parti pour avoir un incendie, — chose à laquelle il paraissait attacher beaucoup d'importance.

S'il n'a demandé que cela, il a dû être satisfait de

son succès : Le foin et la paille ont pris feu, et toutes ces meules ont été réduites en cendres.

Nous avons passé le jour de l'an dans la plus grande tranquillité ; ce n'est que dans la nuit du 1er au 2 janvier, à minuit, que le feu a recommencé, quoiqu'avec moins de vigueur que le jour précédent, et a duré jusqu'à 3 heures du matin. La nuit suivante, nous avons été traités de la même façon. Pendant la dernière nuit, on a pris un soldat déserteur du régiment de la Haute-Saône, qu'on a ramené en ville. Le conseil de guerre s'est réuni sur-le-champ pour faire son procès. Cela n'a pas été long. Le délinquant a été condamné à mort et fusillé dans la matinée du 3 janvier.

Dans la journée du 4, le général commandant l'armée alliée, nous a envoyé un parlementaire, pour nous transmettre une sommation de rendre la ville dans les vingt-quatre heures. Malgré tous les désastres que nous avons éprouvés depuis le commencement du siége, désastres qui pèsent surtout aux habitants, personne n'a voulu entendre parler de capitulation : Tout le monde s'est prononcé pour une résistance énergique ! En conséquence de cette patriotique déclaration, le commandant de place a annoncé au parlementaire qu'il ne voulait pas rendre la ville, et a renvoyé la sommation d'où elle était venue. Cela nous a valu la nuit suivante un nouveau bombardement qui a duré depuis 1 heure du matin jusqu'à 4 heures.

Le feu a commencé dans la journée du 5 janvier, à 8 heures du matin. La première bombe lancée sur la ville est tombée sur la place d'armes où elle a tué, en éclatant, le chef de bataillon Mougeot du régiment de la Haute-Saône, qui s'y promenait. Nos batteries ont vigoureusement riposté, et à 10 heures, les batteries ennemies étaient démontées, ce qui a fait cesser le feu.

Ce n'est que dans la journée du 5 janvier que nous avons aperçu pour la première fois un pont de bateaux que l'ennemi avait jeté sur le Rhin, au-dessous du Markt, et qu'un épais brouillard avait jusqu'alors complètement dérobé à nos regards.

Le 6 janvier, nous avons vu une batterie que l'ennemi venait d'élever à l'embouchure de la Wiese, rive droite du Rhin, sur le territoire de Bâle, dans la prairie connue sous le nom de prairie de *Kliebeck*, vis-à-vis de Machicoulis et à trois embrasures de ce fort. La nuit suivante, l'ennemi s'est servi de cette batterie pour lancer sur la ville, dans l'espace de trois heures soixante bombes, et à peu près un nombre égal de boulets. Grâce au concours énergique et à l'infatigable activité de quelques courageux habitants, le feu n'a pris dans aucune maison de la ville; mais l'arsenal est rempli de mèches, de gargousses et de bombes chargées; aussi a-t-il fallu un grand dévouement, et une bonne dose d'intrépidité aux hommes courageux qui, bravant la mort, sont entrés dans la maison incendiée, et en ont retiré les dangereux *combustibles* qu'elle renfermait. Pendant ce travail, le feu s'est communiqué aux planchers, et il a été impossible de sauver le bâtiment. Pendant l'incendie, le feu de l'ennemi a toujours continué. Le bombardement a duré toute la nuit; la nouvelle batterie a joué sur Machicoulis et sur la ville; mais elle n'a pas produit l'effet qu'on s'en était promis. Néanmoins, un soldat du 7e léger a été tué dans Machicoulis. Notre artillerie

a répondu au feu de l'ennemi, et a de nouveau démonté
ses batteries.

La nuit suivante a été fort tranquille. Il paraît que
les Bavarois n'ont plus eu de munition, ou bien que
leur colère contre nous a été épuisée.

Dans la journée du 9 janvier, le commandant de
place a fait pousser une reconnaissance dans la plaine,
vers Bourg-libre (Saint-Louis).

Nos soldats ont repoussé les vedettes ennemies, et se
sont assurées qu'il n'y avait pas d'artillerie dans les
batteries, après quoi ils sont rentrés en bon ordre en
ville. Dans cette reconnaissance, tandis que l'ennemi
a eu trois hommes de tués et un plus grand nombre
de blessés.

Laissons maintenant un instant les opérations militaires, pour dire un mot du régime intérieur de la
ville, de ses approvisionnements, du prix de quelques
denrées alimentaires, etc.

Dès le 9 janvier, les vivres commençaient à devenir
rares. Les habitants de Huningue avaient l'habitude de
se procurer à Bâle tout ce dont ils avaient besoin d'une
semaine à l'autre. La douane s'est toujours opposée
à cette espèce de contrebande, de sorte qu'on ne pouvait pas se procurer, avant l'investissement de la place,
les provisions nécessaires en quantité suffisante. De
plus les habitants étaient pleins de confiance en leur
patriotisme, et en l'invincible courage des braves défenseurs de la ville. Du reste ceux-ci contribuaient
beaucoup à entretenir cette confiance aveugle : car ils
assuraient toujours que l'ennemi, voyant que toutes ses
entreprises pour s'emparer de la ville restaient sans
effet, serait bientôt fatigué d'un siége qui, en réussis-

sant , ne lui promettait ni grande gloire, ni beaucoup d'avantages, et qui, en ne réussissant pas, l'obligerait à une retraite d'autant plus honteuse que les efforts faits pour emporter la place auraient été plus grands, et que la durée du siége aurait été plus longue. — La noble assurance avec laquelle cette opinion était généralement émise produisit une fausse sécurité chez les habitants, qui, dès les premiers jours, s'empressèrent de mettre à la disposition de la garnison tous les légumes de leurs jardins. La gourmandise se mettant de la partie, on a consommé en vingt jours ce qu'une sage économie aurait dû faire durer trois mois. Alors, les hommes cupides, les spéculateurs, toujours prêts à profiter d'une calamité publique pour réaliser de gros bénéfices, les loups-cerviers, pour lesquels les mots *honneur* et *patrie* sont des paroles incomprises, se sont montrés : En peu de temps, ils ont poussé à des prix exorbitants les objets de première nécessité. Ainsi, dès le 9 janvier 1814, un pain de munition a été payé un franc ; une livre de lard trois francs ; une livre de chandelles six francs ; et ainsi de suite pour les autres articles.

Dans la nuit du 9 au 10, le bombardement a repris, et a duré depuis 1 heure du matin jusqu'à 4 heures. Vous remarquerez que bien souvent nos ennemis ont choisi la même heure pour nous accabler de leurs projectiles de toute espèce. Ils pensaient probablement nous surprendre au beau milieu de notre sommeil. Erreur profonde ! Une partie de la garnison et un certain nombre de citoyens de Huningue veillaient alternativement, de sorte qu'une surprise était impossible. — Cette fois-ci le feu était principalement dirigé vers la porte du Rhin. L'ennemi espérait, à n'en pas douter, nous battre en brèche de ce côté-là, puis, au moyen du pont qu'il avait jeté sur le Rhin, et dont nous avons parlé plus haut, il comptait passer ce fleuve pour nous surprendre et emporter la place d'assaut. Cette prévision s'est confirmée en tous points: Dans la journée du 11 janvier, il a de nouveau fait jouer toutes ses batteries dans la même direction depuis 5 heures du matin jusqu'à 9 heures ; alors, croyant probablement la brèche toute faite, il a tenté l'attaque que nous avions prévue, et qui n'a pas eu le moindre succès.

Le même jour, afin d'augmenter et d'améliorer les soins à donner aux blessés, on s'est mis à blinder l'arsenal et la maison commune, pour pouvoir y transporter une partie des malades qui commençaient à encombrer l'hôpital.

La nuit suivante, le bombardement a cessé : mais la crainte d'une surprise a rendu tout le monde extrêmement circonspect.

La journée du 13 janvier a encore été parfaitement tranquille. De plus, dès le matin de ce jour, nous avons remarqué que le pont de bateaux sur le Rhin avait complètement disparu. Cela étant de bonne augure pour nous, malgré que le 13 ait été cité à tort comme vous voyez parmi les jours néfastes, nous avons commencé à reprendre nos anciennes habitudes.

Dans la matinée du 14 janvier, la troupe a manœuvré sur la place d'armes, de peur de s'engourdir par un repos trop prolongé. La plus grande tranquillité a continué à régner dans la place jusqu'au 20 janvier, où une petite escarmouche d'avant-postes est venue rompre

la monotonie de ces derniers jours. Cette petite affaire
a eu lieu sur la route de Michelfeld : Un officier du 14ᵉ
chasseurs à cheval et son maréchal-des-logis ont enlevé un poste bavarois de quatre hommes. Ces prisonniers, ainsi que les trois autres qu'on avait pris
dès les premiers jours du blocus, ont été employés pour
tourner les moulins à bras, afin de réduire notre blé
en farine et de nous fournir de quoi faire du pain de
munition.

Les vivres devenant de plus en plus rares, on commençait à prévoir que bientôt on serait réduit à se
nourrir de viande de cheval. Alors plusieurs bourgeois se sont réunis et ont acheté une vache dont ils
espéraient faire de bonnes provisions de bouche pour
eux et les leurs ; mais on est venu les prier de vouloir
bien partager avec la garnison. Ainsi fut fait. C'était
le 21 janvier.

Le jour suivant, un officier de la Haute-Saône, accompagné de cinquante hommes, a tenté d'enlever un
poste ennemi sur la digue du Rhin. Cette tentative a
échoué et l'officier a été grièvement blessé.

Le 23 et le 24 il n'y a eu rien de nouveau dans la
place.

Le 25, un adjudant-major du régiment du Bas-Rhin
est sorti de la ville, et s'est avancé jusqu'au-delà de la
lunette des jardins, pour tenter de se procurer du tabac. Cette démarche a été mal interprêtée par l'ennemi :
le major a été enlevé et fait prisonnier.

La journée du 26 s'est passée fort tranquillement.

Le 27, plusieurs détachements ennemis se sont ap-
prochés de la rive et ont chanté ; notre artillerie les a
dérangés fort désagréablement et ils se sont débandés

comme une troupe d'oies attaquée par une meute de
chiens. Alors, avisant une grande voiture qui se dirigeait vers Bâle, et qui paraissait avoir hâte d'y arriver,
l'un des pointeurs a visé dans cette direction et du coup
il a abattu l'un des chevaux de la voiture. L'ennemi a
riposté en lançant sur la ville une dizaine d'obus qui
ne nous ont fait aucun mal.

Le jour suivant il n'y a eu rien de nouveau; mais
le 29 on a remarqué quelques mouvements de troupes
aux environs de la place. On pensait généralement que
cela provenait de ce que l'ennemi relevait ses postes
qui étaient de tranchée pour les remplacer par des
troupes fraîches. Mon on n'était pas sûr que cette opinion fût fondée, et comme le mouvement continuait
jusque vers le soir, on recommanda aux vedettes et aux
factionnaires la plus grande vigilance, et la garnison
reçut ordre de se coucher tout habillée et l'arme au
bras, afin d'être sur pied et prête à combattre au premier signal d'alarme. Néanmoins, aucune attaque n'est
venue troubler les dormeurs et pas un *qui vive !* n'a
retenti sur les remparts, excepté pour les officiers de
ronde.

L'ennemi ne cherchant pas à tenter une attaque sérieuse sur la place, on commençait à deviner qu'il voulait la réduire par la famine. Savait-il que les vivres
étaient rares et fort chers ? — C'est probable; mais on
lui fit bien le contraire : Le 30 janvier, on procéda à
une première distribution de viande de cheval, et toute
la garnison se régala de rôti de cheval. Le colonel
du génie avait invité ce jour-là tous les chefs de
corps et tous les officiers d'état-major à un grand dîner : On assure que chaque service de ce copieux repas

était composé de dix plats ! Le soir, on a illuminé la salle de spectacle et on y a joué la comédie.

Quelques âmes timorées murmuraient tout bas que c'était là de l'insouciance et de la prodigalité, mais le troupier voyait cela de très-bon œil : Son estomac étant satisfait et son moral retrempé, il se préparait gaîment à supporter de nouvelles fatigues et de nouvelles privations.

Cette espèce de fête improvisée au milieu des nombreux soucis créés par une situation pénible et un avenir incertain, était un acte de sage politique : On espérait par là inspirer une nouvelle confiance à ceux qui commençaient à douter, surtout dans le régiment du Bas-Rhin, où depuis quelques jours on avait remarqué de nombreuses désertions.

Le lendemain, 31 janvier, on a lu aux troupes réunies l'ordre du jour suivant : « Les soldats du régiment du Bas-Rhin feront à l'avenir le service de l'intérieur de la place ; le premier d'entre eux qui se présentera aux barrières sera fusillé par les avant-postes. » Le colonel Lentz a protesté contre cet ordre du jour ; il s'est porté garant de la fidélité de ses soldats, et il a sollicité l'honneur de garder les avant-postes. On s'est rendu à ses sollicitations, et le 1ᵉʳ février, la garde des avant-postes a été rendue à son régiment. Le soir, on a donné une représentation au théâtre de la porte du Rhin.

Dans le courant du mois de janvier, le nombre des morts s'est élevé à soixante-onze personnes, dont 29 du 7ᵉ léger ; 11 de la Haute-Saône ; 5 du Bas-Rhin ; 2 de divers corps, et 24 bourgeois.

Cependant, les prix des denrées alimentaires aug-

mentaient comme les termes d'une progression géomé-
trique : Le 2 février, un chapon a été vendu 25 fr.;
un pain de munition 1 fr. 50 ; un boisseau (double
décalitre) de pommes de terre 4 fr. Le lard est tout à
fait hors de prix ; c'est la provision de bouche la plus
recherchée, parce que la garnison n'a ni viande fraîche
ni graisse et qu'elle ne peut suppléer au manque de
ces deux articles qu'au moyen de ce comestible qui lui
est devenu à peu près indispensable.

Pendant la journée du 3 janvier, beaucoup de troupes ennemies, venant d'Alsace, ont remonté le pays, se
dirigeant vers Bâle. La musique d'un régiment a joué
à Bourglibre, et depuis Huningue on l'a entendue jusqu'à 9 heures du soir. Alors tout est redevenu tranquille et silencieux.

Le 4, on a fusillé un soldat du régiment du Bas-Rhin,
convaincu d'avoir voulu déserter.

Dans la journée du 5, le général ennemi a envoyé
un parlementaire au commandant de place de Huningue, pour le prévenir qu'on allait tirer cinquante coups
de canon dans la plaine entre Bourgfeld et Hésingue,
en signe de réjouissance et afin de fêter dignement,
avec bruit et fracas, les grands succès qu'il dit avoir
remportés sur les Français ! — Succès imaginaires ! —
Qu'importe ! — Bientôt après, les cinquante coups de
canon ont été tirés ; nous les avons entendus et comp-
tés, et cela nous a beaucoup amusés ! — Le soir, il y
a eu spectacle à la salle ordinaire sur la porte du Rhin.
Il paraît que cette salle a été trop petite pour conte-
nir les spectateurs ; car dès le lendemain on s'est mis
à l'œuvre pour en construire une autre dans la maison
du commandant de place. Cette nouvelle salle doit ser-

2

vir en même temps pour donner de temps en temps des concerts afin de tuer autant que possible les ennuis du siége.

Le 8 février, un nouveau parlementaire est venu de la part du général ennemi sommer le commandant de place de rendre Huningue dans les vingt-quatre heures; mais il n'a pas eu plus de succès que celui qui était venu lui faire pareille sommation le 4 janvier dernier. Le soir, les chefs du 7ᵉ léger ont donné un grand dîner. Ce repas devait être suivi d'une comédie dans la nouvelle salle; mais les estomacs bien lestés et les têtes un peu lourdes de messieurs les convives ont protesté contre cet amusement, auquel ils ont préféré le repos et le sommeil. — A minuit précis, l'ennemi a recommencé à bombarder la place : Vingt-cinq à trente bombes ont été lancées sur la ville; mais elles n'y ont pas fait grand mal.

Nos artilleurs ont été alertes à la besogne : On leur avait donné ordre, en cas d'une attaque nocturne, de faire feu sur le Petit-Huningue, et ils se sont empressés d'y envoyer quelques bombes : A la quatrième, un incendie s'est déclaré dans une maison du village; alors on a suspendu le feu. L'ennemi avait cessé de tirer à partir du moment où le premier coup de canon est parti de nos remparts.

La journée du 9 a été tranquille. L'état-major de la place venait de se rendre au théâtre, lorsqu'à 7 heures du soir, une bombe est venue tomber dans la cour du bâtiment où la représentation a eu lieu. Vous pensez bien qu'il y a eu entr'acte. — Dans la journée on avait fait prévenir le général Zollern, que s'il continuait à bombarder Huningue, on ferait feu sur Bâle, et sur

toutes les communes environnantes. L'effet a suivi de
près cet avertissement : A la quatrième volée de l'ennemi, notre artillerie a commencé à tonner sur Bâle,
le Petit-Huningue, Bourglibre, Michelfeld et le Village-
Neuf tout à la fois. — Le Petit-Huningue et Bâle ont
été fort maltraités : Plusieurs bombes et un grand nombre de boulets de vingt-quatre sont entrés dans cette
ville et y ont fait des ravages considérables. Enfin, à
10 heures du soir, le feu a cessé de part et d'autre. —
Croyant que tout était fini pour la nuit, on s'est livré
au sommeil avec sécurité, et on dormait paisiblement,
lorsque vers 3 heures du matin, le feu de l'ennemi a
recommencé. Nos batteries ont aussitôt riposté, et on a
continué un feu vif et soutenu jusqu'à 5 heures.

Dans la journée du 10, on a placé sur les remparts
des mortiers de chasse qu'on a pointés sur Bâle. On
s'attendait à être attaqué par l'ennemi, et dans cette
prévision on avait fait les dispositions nécessaires pour
bien le recevoir : Les casemates, presque désertes et
abandonnées quelques jours auparavant, ont été repeu-
plées. La peur d'une attaque a fait faire plus d'une
mauvaise digestion ; néanmoins la nuit a été tranquille,
soit que l'ennemi, voyant tout l'insuccès de son feu, eût
renoncé à tirer inutilement sur nous, soit que la menace que nous lui avions faite de tirer sur Bâle, menace
qui avait déjà reçu un commencement d'exécution, l'eût
retenu. On a continué à blinder l'hôpital militaire, travail dont le prompt achèvement a permis de retirer des
casemates une foule de malades qui s'y mouraient, victimes de l'insalubrité de ce souterrain.

Le 11 février un emprunt forcé de 2230 fr. a été
levé sur les aubergistes, cabaretiers et débitants de vins

et de liqueurs. On a aussi demandé aux habitants de la ville des couvertures pour loger, réunis au quartier, les soldats qui jusqu'alors avaient logé éparpillés chez les bourgeois.

Le 12, un capitaine du régiment du Bas-Rhin a été enterré avec les honneurs militaires. Le soir il y a eu spectacle.

La journée du 13 a été parfaitement tranquille, et le soir il y a eu représentation théâtrale.

Le 14, le bruit s'est répandu en ville que l'empereur d'Autriche est revenu de l'intérieur, se dirigeant vers l'Allemagne, et que ses équipages ont passé à Bâle; en même temps on a parlé de la paix comme devant être très proche; mais il n'y a rien de certain dans ces propos. La nuit suivante on a vu un grand feu dans la vallée de Leymen, et on a supposé que cela devait être un incendie.

Le 15, rien de nouveau. Dans la journée du 16, le magasin de bois a été entièrement vidé. Ce magasin avait renfermé seize mille fagots, qui ont été brûlés au corps de garde extérieur sans qu'il y ait eu une seule distribution de faite : On a vu dans le courant du mois de janvier des feux de bivouac, où les soldats ont brûlé dix madriers à la fois et des arbres entiers. Avec plus d'ordre et un peu d'économie, ce bois aurait duré un mois de plus.

Le 17, on a de nouveau transporté l'hôpital dans son ancien local qu'on avait préalablement blindé. L'humanité réclamait depuis longtemps ce changement salutaire. On espère que beaucoup de malades qui, dans les souterrains humides et infects qu'ils habitaient, auraient infailliblement péri, recouvreront maintenant la santé sous l'influence de l'air libre et de la lumière du ciel.

La rareté et la cherté des vivres ne font qu'augmenter : Aujourd'hui on a payé une livre (5 hectogrammes) de beurre 8 fr., et une quantité égale de jambon 5 fr.

Dans la journée, on a communiqué aux militaires et aux bourgeois un ordre du jour qui défend à tout le monde de sortir des ouvrages et de communiquer avec les avant-postes.

Un restaurateur d'un nouveau genre a ouvert sa maison au public, et malgré les plats singuliers qui figurent sur sa carte, il ne manque pas de consommateurs. Cet honnête industriel a fait provision de viande de cheval; il tend des piéges aux chiens, aux chats, aux rats et aux souris, et il offre à ceux qui l'honorent de leur confiance du bifteck de cheval, du filet et des côtelettes de chiens, du civet de chat, du ragoût de souris et de rats, etc... Son établissement est bien achalandé : Bourgeois et militaires vont goûter ces délicatesses d'un nouveau genre. Ce n'est que le 18 février que l'auteur du journal du siége a découvert cet intéressant établissement; mais il ne dit pas s'il a tâté de la cuisine dont il fait l'éloge, ni s'il a trouvé la consommation bonne.

Le dégel a commencé le 19; alors on a vu les tas d'immondices qui couvraient certaines parties de la ville, surtout les environs des casemates et de l'hôpital. On respirait dans les rues un air détestable ; les odeurs les plus nauséabondes affectaient fort désagréablement le nerf olfactif des passants, et on craignait sérieusement que des maladies contagieuses ne vinssent augmenter les maux qui pesaient sur la population et la

garnison. Cinq cents hommes de corvée se sont mis à
l'œuvre, et en peu de temps toute la ville était net-
toyée : Les rues étaient proprement balayées, les abords
naguère si immondes de l'hôpital et des casemates
étaient de nouveau rendus accessibles au grand con-
tentement de tout le monde, et pour le plus grand
bien de ceux qu'une maladie ou quelque blessure re-
tenait en ces lieux.

Dans le courant de l'après-midi, on a remarqué des
ouvriers dans les batteries de la rive droite du Rhin ;
aussitôt on leur a envoyé quelques boulets, qui les ont
forcés à se retirer. Pour s'assurer que l'ennemi ne ten-
tait aucune surprise du côté du Village-Neuf et de Bourglibre, on a aussi tiré quelques coups de canon sur ces
deux endroits ; mais on n'y a pas remarqué le moindre
mouvement.

Cette canonade est venue fort mal à propos pour une
petite opération à laquelle le commandant de place paraît avoir été un peu intéressé : Un officier d'état-major s'était abouché avec un major de tranchée au moulin, et en avait obtenu un lièvre, un pâté et d'autres
comestibles. Au moment où ce major arrivait au moulin
pour remettre à l'officier français ces objets, cachés
dans son grand shako, un boulet a emporté sa coiffure
avec tout ce qu'elle renfermait ! — Adieu, lièvre, pâté
et d'autres délicatesses ! — Le 20 février, nos avant-
postes ont fait un prisonnier vers Bourglibre.

Dans le courant de l'après-midi, nous avons lancé
quelques obus sur des pontons amarrés à la rive droite
du fleuve, vis-à-vis du Mærkt. Il paraît que l'ennemi a
eu l'intention de jeter un nouveau pont de bateaux sur

le Rhin. Le lendemain, on a de nouveau tiré sur ces pontons, mais sans les atteindre.

Comme le bois devenait extrêmement rare, on a commencé depuis quelques jours à abattre les arbres de la place, ceux des remparts, des fossés, pour servir de combustible aux habitants et à la garnison. Les postes avancés brûlent les poutres et les charpentes des magasins militaires.

Nos malades, malgré tout ce qu'il nous est humainement possible de faire pour eux, sont dans un état digne de pitié : On a remis l'hôpital dans son ancien emplacement; malgré cela on a été forcé de laisser un certain nombre de malades dans les souterrains; mais le manque de remèdes et l'impossibilité de donner aux convalescents une nourriture convenable, font que beaucoup d'entre eux meurent.

Le défaut de propreté contribue à augmenter la mortalité; vous en jugerez par ce seul trait : Le même drap qui couvre les morts jusqu'à leur dernière demeure, est employé un instant après pour envelopper le pain, la viande et les autres provisions qu'on amène à l'hôpital.

C'est, entourés de ces lugubres tableaux, que nous sommes arrivés au 22 février, à ce jour privilégié pour les plaisirs et les folies qu'on appelle le mardi gras ! — Bals, concerts, comédies, dîners et mascarades, tout cela nous a manqué ! — Cependant on a organisé pour le soir un bal masqué dans l'ancienne salle de spectacle sur la porte du Rhin.

Une dame de la ville a donné, la nuit du mardi gras, à quelques amis, un petit souper où l'on a mangé une poule qui a coûté 12 fr. et une oie qu'on avait payée 55 fr.

Nous voici au 23 février, premier jour de carême, mais qui n'est pas notre premier jour de jeûne. En y réfléchissant bien, nous avons gagné quelque chose hier : Nous n'avons aujourd'hui ni la tête malade ni les jambes fatiguées !.... C'est toujours autant.

Dans la matinée, on est allé de maison, en maison pour chercher de l'huile ; mais cette quête, moitié volontaire, moitié forcée, n'a pas produit grand'chose.

« J'ai vu aujourd'hui, dit l'auteur du journal, le travail du pont au-dessous de Village-Neuf ; on y remarque deux sonnettes dont l'une bat un pieu de la rive droite lorsqu'on l'agite ; l'autre est à tambour et ne fonctionne pas encore. A la même occasion, j'ai remarqué le tracé de la route sur la rive gauche. »

Un parlementaire nous a apporté le 24 quelques lettres particulières et des journaux allemands qui annoncent l'arrivée à Berne du comte d'Artois (plus tard Charles X), le départ de l'artillerie de cette ville pour faire le siége de Besançon, la retraite de l'empereur à Orléans et autres canards semblables que nous apprécions ce qu'ils valent !

Si c'étaient des canards sauvages, ou même des canards de basse-cour, ils seraient justement estimés ; mais des canards bâlois..... fi donc ! Ce gibier-là ne vaut rien !

A partir de là jusqu'au 2 mars suivant, les assiégeants ont laissé Huningue tout-à-fait tranquille ; aucun bruit alarmant n'est venu troubler les habitants ; aucun coup de canon n'a appelé les braves défenseurs de la place sous les armes.

Malgré cela, on a pris toutes les précautions que commandait la situation : les batteries ont été approvisionnées ; les embrasures des pièces destinées à prendre les fossés à revers ont été évasées, et la garnison a reçu l'ordre de se coucher sans quitter ses vêtements.

Le 27, on disait bien que l'ennemi avait de nouveau sommé la place de se rendre, avec menace, en cas de refus, de bombarder la ville et de la prendre d'assaut ; mais ce bruit n'était pas fondé, car aucun parlementaire ne s'était montré.

A la date du 1er mars, le journal du siége relate un détail qui semble indiquer que les bras commençaient à manquer à Huningue : A cette époque, tous les habitants ont été requis pour travailler dans les moulins à bras, et les *veuves* ont été comprises dans cette réquisition.

Aussi, un habitant de la ville, M. Salzmann, a-t-il vainement sollicité la permission de renvoyer. auprès de son fils, au Village-Neuf, sa belle-fille avec son enfant. La mère étant parvenue à s'échapper et à rejoindre son mari, M. Salzmann a été mis en prison.....

Le journal blâme cet acte de sévérité intempestive, et pour faire ressortir plus énergiquement encore l'injustice qui l'avait dicté, il demande pourquoi, au même instant, on a donné à un garçon tailleur étranger une permission écrite de sortir de la place ?

Probablement cette dame avait été inscrite parmi les *veuves* qui devaient travailler dans les moulins à bras, et son beau-père a été soupçonné d'avoir favorisé la fuite de sa belle-fille pour la soustraire à ce pénible travail.

Le garçon tailleur étranger n'était pas compris au nombre des travailleurs, et on pouvait aisément se passer de lui. Cela explique jusqu'à un certain point, la permission accordée à l'un et refusée à l'autre, mais ne justifie en aucune façon l'emprisonnement arbitraire de M. Salzmann.

Le 2 mars, le temps étant clair, on a vu les ruines du château de Landskron qui avait été récemment détruit par un incendie : C'était là le feu qu'on avait vu pendant la nuit du 14 février dans la vallée de Leymen.

Dans l'après-dîner le poste de la lunette des jardins a fait feu sur un déserteur. Aussitôt les batteries ennemies ont tiré quelques coups de canon dans cette direction, après quoi tout est rentré dans le silence.

Dans la journée du 3 mars, on a essayé quelques pierriers sur les remparts; pendant qu'on était ainsi occupé, un soldat du Bas-Rhin a eu l'imprudence de jeter au milieu d'un feu de bivouac un obus chargé : le projectile éclata et blessa grièvement l'imprudent soldat qui, sans doute, ignorait le danger qu'il y avait à s'amuser avec de pareils joujoux !

Un sergent du 7ᵉ léger, qui faisait le commerce de tabac avec l'ennemi et qui croyait avoir à se plaindre de ses fournisseurs, les provoqua et amena ainsi un petit combat d'avant-poste.

Pendant une grande partie de la matinée du 4 mars, on s'est envoyé réciproquement des coups de fusil sur la route de Michelfeld ; enfin le canon a séparé les combattants, et vers 11 heures, le bruit a cessé. — Ce même jour était fixé dans l'opinion publique comme devant être signalé par un nouveau bombardement suivi de l'assaut que l'ennemi se proposait de donner à la place ; mais il ne paraît pas qu'il ait fait des dispositions pour un pareil coup d'éclat, quand même il en aurait eu les moyens, ce qui n'est guère probable.

La nuit suivante, quatre fusées lancées des batteries de la rive droite ont donné le signal du départ à deux bateaux et à plusieurs radeaux de bois qui descendaient le Rhin, pour servir à la construction du nouveau pont de bateaux jeté sur le fleuve en face du Mærkt.

La journée du 5 a été tranquille, sauf quelques coups de canon tirés sur les avant-postes.

Le 6, quelques coups de canon tirés sur Michelfeld ont servi à débusquer un piquet de cavalerie qui s'était établi dans ce village.

Le 7, on a chassé à coups de canon de Bourglibre les soldats ennemis qui cherchaient à perfectionner les retranchements qu'ils possédaient de ce côté-là, et à en établir de nouveaux.

La journée du 8 mars a été fort agitée : De différents points autour de la place, l'ennemi a tiré des coups de canon sur Huningue.

Vers le soir, l'officier commandant le poste de Marchicoulis, a envoyé au commandant de place un rapport pour le prévenir que les habitants de Petit-Huningue et de Village-Neuf quittaient ces deux endroits emportant leurs meubles, et chassant devant eux leur bétail. En même temps, il signala un fait digne de la plus grande attention : Après plus de quinze jours d'inactivité, l'ennemi avait dans la journée du 8 approvisionné toutes ses batteries.

Cet avis n'a pas été donné en vain : La garnison a reçu l'ordre de se coucher tout habillée, et pendant la nuit, on a été sur le qui-vive. A une heure du matin, les trois batteries ennemies ont ouvert sur la place le feu le plus meurtrier qu'elle ait eu à subir depuis le commencement du siége : Les boulets, les obus et les bombes pleuvaient sur Huningue, et couvraient la ville de débris. Hommes, femmes, vieillards et enfants couraient, à demi-nus et pâles de frayeur, dans toutes les directions : Le père emportait des provisions de bouche, la mère était chargée de ses enfants qu'elle cherchait à protéger contre le danger qui les menaçait et qui cette fois-ci était sérieux! — A peine la première bombe eut-elle éclaté sur Huningue que notre artillerie tonna dans toutes les directions à la fois, sur le Petit-Huningue, malheureusement aussi sur nos villages de Bourglibre et Village-Neuf, mais surtout sur les batteries ennemies et sur Bâle : » *On se vengeait sur les perfides Bâlois de nos calamités* ! »

Le nombre des personnes mortes à Huningue pendant le mois de février 1814, a été de cent vingt-cinq, dont quinze bourgeois, soixante-treize soldats du 7ᵉ léger, vingt de la Haute-Saône, treize du Bas-Rhin et quatre de divers corps.

Le bombardement de la place, pendant la nuit du 8 au 9 mars, a été très-rude et la ville a considérablement souffert : Trois maisons ont été rendues inhabitables, et beaucoup d'autres ont été fortement endommagées.

Une femme mariée et enceinte a eu les deux jambes brisées par un éclat de projectile; elle a été l'une des premières victimes et elle est morte des suites de ses blessures.

Un seul militaire a perdu la vie dans la place pendant cette nuit terrible.

Vers 4 heures du matin, le feu a cessé de part et d'autre : Six mortiers, quatre obusiers et dix canons venaient de tirer sur Huningue pendant trois heures consécutives.

Le 9 mars, dès 5 heures du matin, tout le monde se trouvait dans les rues : Les uns déploraient leurs pertes, les autres se félicitaient d'avoir échappé au danger; tous prenaient des précautions pour l'avenir.

Mais à 8 heures déjà, et longtemps avant que les précautions projetées eussent été prises, le bombardement a recommencé : Nos artilleurs ont riposté au feu de l'ennemi, qui a duré jusqu'à 10 heures. Le reste de la journée a été employé à approvisionner nos batteries.

A 2 heures de l'après-midi, le général Zollern a envoyé un parlementaire au commandant de place, pour lui faire dire qu'il était contraire au droit des gens de tirer sur Bâle, ville neutre et étrangère à la guerre.

Le commandant de place a fait répondre au général Zollern que Bâle, ayant reçu garnison autrichienne, et ayant permis l'établissement de batteries ennemies sur son territoire, ne peut plus se prévaloir de sa neutralité, que les lois de la guerre donnaient le droit et que le patriotisme faisait un devoir à tout bon Français de combattre les ennemis de la France partout où ils se trouvaient.

Le lendemain, 10 mars, à 1 heure du matin, le bombardement a recommencé : Le feu a été terrible de part et d'autre et il a continué jusqu'à 4 heures ; un grand nombre de maisons ont été abîmées par les projectiles.

A l'aube du jour tous les quartiers de la ville étaient encombrés de débris : Les murs écroulés, les tentes dé-molies, les portes et les fenêtres emportées par les éclats de bombes, jonchaient les rues ; partout l'œil désolé ne rencontrait que des ruines fumantes !

Au milieu de cette désolation générale, des hommes audacieux ont parcouru la ville et ont pillé indistincte-ment toutes les maisons qu'ils ont trouvées abandon-nées. La population de Huningue a passé la journée du 10 dans la consternation et dans les larmes.

Dans le courant de l'après-midi, les vedettes ont dis-tingué derrière Bourglibre plus de six cents ouvriers, occupés à former une espèce de camp retranché.

En même temps l'ennemi s'est très-activement oc-cupé de l'achèvement de son pont de bateaux sur le Rhin ; il a cherché à établir une tête de pont sur la rive gauche du fleuve, afin de protéger ses travaux contre toute surprise.

Au grand étonnement de tous nos politiques, nous n'avons pas été bombardés dans la nuit du 10 mars. A tort ou à raison, on a généralement attribué cette tran-quillité à l'entremise des Bâlois, non qu'ils nous vou-lussent du bien, mais ils agissaient ainsi dans leur propre intérêt et afin d'éviter les représailles.

Nous avons continué dans la journée du 11 à blinder différentes parties des bâtiments militaires, et les grands moulins, où se préparait la consommation journalière de la garnison.

Une partie des troupes a été employée depuis quel-ques jours dans les moulins à bras, afin de relever les habitants qui faisaient habituellement cette rude beso-gne, mais les maladies et les désertions ont tellement

diminué la garnison, que tous les militaires employés
à ce travail ont été forcément rendus au service actif :
Les deux moulins à bras qui ont marché dans la journée du 11, ont de nouveau été desservis par les bourgeois.

La nuit suivante les avant-postes ont arrêté sur le
Rhin deux radeaux qui descendaient le fleuve, et qui
étaient destinés à l'achèvement du pont de bateaux au-
dessous du Village-Neuf.

Dans la journée du 12, il n'y a eu rien de nouveau
dans la place.

Le 13 mars, on a annoncé à la garnison qu'à l'avenir
les rations de pain seraient diminuées, afin de faire
durer plus longtemps la petite provision de blé dont
on disposait et qui ne paraissait pas pouvoir être re-
nouvelée.

La garnison, qui depuis longtemps déjà ne recevait
plus que des légumes secs sans graisse et trois onces
de viande fraîche par semaine et par homme, a refusé
de consentir à cette réduction ; alors on s'est mis à
remoudre le son des premières farines, et on a mêlé
cette mouture avec de l'avoine et du froment pour en
faire du pain. Le produit de cette combinaison a été
fort mauvais.

Les officiers n'étaient pas mieux traités que les soldats : ils recevaient trois onces de viande fraîche par
homme tous les cinq jours, et ils mangeaient des légumes secs non graissés et du mauvais pain.

Il n'en a pas été de même des officiers supérieurs
qui, de temps en temps, ont trouvé moyen de se procurer d'exquises provisions de bouche : Ainsi dans la journée du 13 mars, on a servi sur la table du colonel du

génie entre autres délicatesses un dindon et un pâté d'alouettes, qu'on a arrosés de vins fins : puis on a pris le café accompagné d'un brûlot : rien n'y a manqué ; le festin a été complet.

Les soldats voient cela de mauvais œil : ils supportent toutes les privations à condition que les chefs les partagent avec eux ; mais ils n'entendent pas jeûner quand ceux qui les commandent font bombance ; aussi beaucoup d'entre eux désertent. La garnison est réduite à mille ou onze cents hommes, et le service de la place devient très pénible et très fatiguant.

La situation de la garnison devient inquiétante ; la discipline se relâche. En voici une préuve : l'adjudant-major de place avait déposé dans une poterne quelques meubles remplis de linge, d'habits et d'autres effets ; pendant le dernier bombardement on avait abrité des troupes dans cette poterne. Les soldats ont profité de la circonstance pour forcer les commodes, ils ont enlevé tout ce qu'elles contenaient, et se sont partagé le butin. On ne s'est aperçu de ce vol que dans la matinée du 15 mars ; aussitôt on a procédé à des perquisitions qui ont amené la découverte d'une partie des objets volés : Un militaire de la Haute-Saône et un bourgeois, recéleur, ont été arrêtés et mis en prison.

Le 16 mars, ayant remarqué des ouvriers dans les batteries de la rive droite, on les a chassés à coups de canon.

Depuis quelques jours, l'ennemi ne communiquant plus avec nos avant-postes, nous ne recevons plus de journaux : Aucune nouvelle ne nous arrive du dehors ; nous sommes abandonnés à nous-mêmes, et nous avons le temps de nous livrer à des réflexions peu consolantes·

L'ennemi pousse ses travaux avec une grande activité ; son pont de bateaux est presque terminé, et on travaille avec célérité à la tête du pont : Plus de six cents ouvriers y sont employés.

La désertion est devenue effrayante : Le 18 mars, tout le poste, composé de quinze hommes de l'ouvrage à corne, est parti. Les soldats disent hautement, qu'ils déserteront si on ne leur augmente pas les vivres.

Dans l'après-midi, un certain nombre de voitures de blessés venant de l'intérieur, ont passé le Rhin. On a encore vu, dans la journée du 19, un convoi de blessés prendre la route de l'Allemagne.

Le 20 mars, un parlementaire a annoncé à l'ennemi que nous allions tirer vingt-un coups de canon pour célébrer l'anniversaire de la naissance du roi de Rome. Les fanfares et la musique avaient annoncé dès la veille ce joyeux anniversaire. Dans la journée, on a distribué aux soldats du pain, du vin et de l'eau-de-vie ; il y a eu grand dîner chez le colonel Lentz, et le soir, il y a eu spectacle à la salle ordinaire.

Le 21, il a fait un temps superbe ; on s'est promené sur les remparts et sur la place, et on a vu que le pont de bateaux était terminé à deux travées près.

Vers le soir, on a remarqué beaucoup de mouvement vers Bourglibre, ce qui a fait donner à la garnison l'ordre de se coucher tout habillée et aux bourgeois celui de mettre de l'eau dans les différents étages de leurs maisons.

La nuit suivante a été fort tranquille, contrairement à ce que nous avaient prédit quelques alarmistes qui soutenaient que cette nuit serait fort dangereuse.

Le 22, vers le soir, un parlementaire a ramené les chiens du colonel Lentz, que l'un de ses domestiques avait emmenés en passant à l'ennemi.

Le 23, il n'y a eu rien de nouveau dans la place : On a vu un grand convoi de voitures entrer en France avec des troupes. Il y a eu des pourparlers entre M. Lentz et le commandant des troupes ennemies, au sujet de son domestique déserteur ; mais le fugitif n'a pas été restitué à son ancien maître.

Dans la nuit du 23 au 24 mars, une fusillade assez vive a été engagée aux avant-postes.

A l'hôpital il n'y avait plus d'infirmiers ; alors on a requis un certain nombre d'hommmes et de femmes de la ville pour faire le service. La mortalité est toujours fort grande, et les désertions continuent. Le 24 mars, les soldats chargés d'enterrer les morts ont pris la fuite, en abandonnant sur le cimetière la charrette avec les cadavres.

Le 25, il y a eu conseil de guerre pour juger les voleurs et les recéleurs des objets de l'adjudant-major de place : le soldat de la Haute-Saône a été condamné à deux années de fers, et le bourgeois recéleur a été acquitté.

Dans la journée, un sergent du 7e réclamait des avant-postes ennemis quelques paquets de tabac ; pour toute réponse, on lui envoya des coups de fusil qui le tuèrent. Pour venger sa mort, nos artilleurs ont tiré une vingtaine de coups de canon sur le poste de Michelfeld.

Le 26, la fusillade a recommencé aux avant-postes ; alors nous avons tiré à partir de l'ouvrage à cornes quelques coups d'obusiers sur le poste ennemi. Bientôt un obusier vint se placer au milieu des champs et nous envoya trois charges consécutives. A partir du cavalier, on aurait pu facilement démonter cette pièce.

A dix heures, un parlementaire qui s'est présenté aux avant-postes, a mis fin à cet engagement. Il nous a apporté des journaux et une lettre du magistrat de Bâle. Cette lettre nous informe que la maison de M. Giesendœrfer avait reçu une bombe et plusieurs boulets, que d'autres maisons ont été plus ou moins endommagées, que ces hostilités contre Bâle sont contraires au droit des gens, vu que Bâle s'était déclarée ville neutre, etc...

A cinq heures du soir, un parlementaire est sorti de la place pour porter une réponse au magistrat de Bâle.

En comparant la date de la lettre, on remarqua qu'elle était du 10 mars, et on a été étonné qu'elle soit restée si longtemps au quartier général. Le commandant de place, soupçonnant quelque ruse, ordonna à la garnison de se coucher tout habillée, assigna les postes et asiles à la troupe, et prit sur les remparts toutes les mesures pour répondre au bombardement dont il se croyait menacé.

Dans la journée du dimanche 27 mars, les Bâlois se sont promenés en grand nombre sur le pont de bateaux qu'on venait de terminer, et sur lequel flottait un drapeau rouge et blanc jusqu'à cinq heures du soir.

Il ne sera pas sans intérêt de jeter un nouveau coup-d'œil sur le prix qu'on payait pour les denrées alimentaires vers la fin du mois de mars : Le vin qu'on avait payé 18 fr., avant le siége, se vendait 80 fr. la mesure; le double décalitre de pommes de terre 12 fr.; la livre de lard 12 fr.; une friture de poisson d'environ une livre, coûtait 5 à 6 fr.; le demi-cent d'escargots 6 fr.;

le demi-cent de grenouilles 3 fr. ; un rat accommodé
3 fr. ; et un chat le double ; les autres denrées étaient
hors de prix, et on ne pouvait se les procurer que par
échange.

Dans la journée du 28 mars, une grande activité a
régné dans le camp ennemi : Les assiégés ont envoyé
quelques boulets aux ouvriers occupés dans l'une des
batteries de la rive droite, mais sans parvenir à leur
faire cesser leurs travaux.

Entre Bourglibre, Bourgfeld et Bâle, derrière la
grande route de Michelfeld, une foule de travailleurs
ont été occupés le même jour à élever des lignes qui
ne pouvaient évidemment pas servir à l'attaque de la
place ; car elles étaient placées derrière la première parallèle. Ces lignes ont paru devoir se raccorder à la tête
du pont et former, avec celui-ci, un système complet de
défense contre une attaque éventuelle pouvant être dirigée de la ville sur le camp ennemi.

Dans la nuit du 28, on a volé, dans la place, un
mouton gras à un propriétaire qui, dans la journée, en
avait refusé cent francs. Ce vol, qui dans toute autre
circonstance aurait été hautement réprouvé par toutes
les honnêtes gens, et sévèrement puni par les lois, a
fait faire au journal du siége cette simple petite ré-
flexion, qui ne manque pas que d'être significative :
Puisse cet exemple inspirer des sentiments plus hu-
mains à ceux des habitants qui se servent de leur su-
perflu pour faire de l'usure.

Dans la journée du 29, l'ennemi a continué ses travaux en faisant ouvrir une tranchée qui allait de la
route de Bourglibre vers le fort étoilé.

Nos artilleurs de l'ouvrage à corne du Haut-Rhin,

n'aimant pas voir la direction que prenaient ces travaux, ont envoyé aux ouvriers quelques obus qui ont
suffi pour les disperser. Les travaux de tranchée n'ont
pas été repris dans la journée ; ce n'est que le 30 mars
qu'une seconde parallèle a été dirigée vers le fort étoilé.
Alors la garde de ce fort a été renforcée de 25 sous-
officiers, spécialement chargés de chagriner les travailleurs et de les empêcher de pousser plus loin leurs
travaux. Ils se sont empressés de faire leur possible,
tandis que le canon a grondé dans l'ouvrage à corne.

La diligence de Bâle, passant justement sur la grande
route, l'un des artilleurs eut l'idée d'en faire son point
de mire. Le coup partit et abattit deux chevaux du
lourd véhicule. — C'était là encore une petite vengeance
à l'adresse des Bâlois. La fusillade du fort étoilé a continué pendant toute la nuit du 30 au 31 mars, et de
temps en temps, le canon de l'ouvrage à corne y a
mêlé sa grosse voix; malgré cela, on a vu le lendemain
matin que le boyau, qui, se dirigeant le long de la
crète de Bourglibre vers le fort étoilé, avait été poussé
en avant pendant la nuit, d'environ quarante mètres.
En même temps on s'est aperçu que les travailleurs
avaient eu le bon esprit de se mettre à l'abri du feu
des deux forts de la place en se couvrant de sept grands
gabions, placés en tête de la tranchée, et tout à fait de
taille pour les protéger contre nos balles et nos boulets, mais impuissants contre les projectiles creux. Aussi
a-t-on eu le soin de leur expédier sur-le-champ un
certain nombre d'obus, qui les ont fort désagréablement
dérangés dans leurs travaux. Pendant toute la journée
du 31, on n'a remarqué aucun mouvement sur la rive
droite du fleuve ; vers le soir, le feu de la place a

recommencé et a de nouveau duré toute la nuit. Les postes avancés avaient été renforcés comme le jour précédent.

A en juger par la direction que l'ennemi avait imprimée à ses travaux, il paraît certain qu'il a cherché à s'emparer du fort étoilé. Cette idée n'était pas bête ; c'était peut-être la seule bonne qu'il ait eue depuis le commencement du siége. En effet, la prise de ce fort aurait obligé les assiégés d'abandonner Mahicoulis où il n'aurait plus été possible à la garnison de relever ses postes ; dès lors, maître de toute la ligne, depuis Bourglibre jusqu'au Rhin, les assiégeants seraient descendus dans la plaine pour diriger une attaque décisive sur l'ouvrage à corne du Haut-Rhin ; cet ouvrage emporté, la ville aurait été obligée de se rendre ou de se faire sauter.

Mais dans la place, les maladies ont été des ennemis bien autrement dangereux que ceux du dehors : Deux cent quarante-neuf personnes sont mortes dans le courant du mois de mars, ce qui a fait en moyenne huit décès par jour !

Cette mortalité est effrayante quand on considère le peu de monde dont se composaient, à cette époque, la population et la garnison.

Sur ce nombre de morts 161 ont appartenu au 7ᵉ léger ; 24 au régiment de la Haute-Saône ; 27 au régiment du Bas-Rhin ; 6 à divers corps et 31 aux habitants de la ville.

La nuit du 31 mars au 1ᵉʳ avril a été plus tranquille que les deux précédentes quoiqu'à différentes reprises le canon se soit fait entendre, ce qui n'a plus causé de surprise, parce qu'on y était habitué.

Pendant cette nuit, l'ennemi a continué sa tranchée
vers le fort étoilé en faisant un retour sur la première
parallèle.

Dès que la clarté du jour leur avait permis de faire
cette découverte, les tirailleurs du fort étoilé et de Mahicoulis ont ouvert le feu le plus nourri et le plus
meurtrier sur les ouvriers qui ont travaillé à pousser la
tranchée vers ces deux points.

Malgré tous les efforts faits pour l'héroïque défense
de la place, on a commencé à comprendre que bientôt
on allait être forcé d'abandonner Mahicoulis ; c'est pourquoi on a miné ce fort afin de pouvoir le faire sauter
à la première attaque sérieuse.

Dans la journée du 1er avril, vers onze heures du
matin, un parlementaire est venu annoncer aux assiégés que le général Zollern allait faire tirer des salves
d'artillerie pour célébrer la victoire de Vitry.

Bientôt après on a entendu et compté cinquante
coups de canon qui retentissaient avec grand bruit
derrière Bourglibre. Puis, les deux mille hommes
environ, que le général Zollern avait sous les armes,
ont poussé de grands cris de joie. — Pourtant, les
succès qu'eux avaient remportés jusqu'alors devant
Huningue n'en valaient guère la peine !

Pendant toute la journée du 1er avril, de grands
convois de blessés, venant de l'intérieur de la France,
sont entrés à Bâle ; cela autorise à penser que cette
victoire de Vitry, célébrée avec tant de fracas, pour-
rait bien s'appeler une défaite.

Dans la nuit du 1er au 2 avril, les travaux de l'ennemi n'ont guère avancé : l'artillerie de la place et

les tirailleurs de la place des forts ont continuellement tourmenté les travailleurs.

Dans la journée du 2, il y a eu grand émoi dans la ville : Toutes les portes ont été fermées, et les recherches les plus actives ont été faites pour découvrir un jeune homme venu, dit-on, des environs de Vesoul pour voir son père en garnison à Huningue.

Cette fable s'est accréditée et les recherches ont continué jusqu'à dix heures du matin, sans amener la découverte de celui qu'on cherchait. Alors on a fini par savoir que personne n'était venu, et que tout cela n'a été qu'un *poisson d'avril* à l'adresse du colonel du régiment de la Haute-Saône. — Au milieu de tant de peines et de souffrances il fallait bien tâcher de temps en temps de rire un peu !

De nombreux convois, venant de France, sont encore entrés à Bâle dans la journée du 2 avril ; on a remarqué qu'ils étaient accompagnés d'une colonne d'hommes qui paraissaient être des prisonniers de guerre.

Le soir, vers neuf heures, l'ennemi a attaqué Mahicoulis ; mais il a été reçu par un feu roulant qui l'a forcé à la retraite. Plusieurs attaques ont été tentées sur ce fort pendant la nuit, mais aucune d'elles n'a été couronnée de succès.

Le 3 avril c'était le dimanche des rameaux. Cette première fête de printemps, pendant laquelle les enfants des villes et des campagnes se promènent si gaîment dans les rues, en portant des rameaux verts, symboles de paix et d'espérance, n'a été signalée chez les assiégés que par un redoublement de peines, de travaux et de dangers : La nuit précédente le bruit de la fusillade n'avait pas discontinué un seul instant. Le matin on était, il est vrai, assez content de voir que les tranchées n'avaient guère avancé pendant l'obscurité ; mais dans la journée, l'ennemi eut bien soin de les perfectionner, surtout vers Bourglibre. A trois heures de l'après-midi, lorsque la garnison s'en aperçut, les épaulements étaient déjà tellement élevés qu'à l'avenir les boulets étaient impuissants pour faire du mal à ceux qui travaillaient à l'abri de ces retranchements. On leur lança donc des bombes et des obus, cela pendant tout l'après-midi et toute la nuit.

Ce même dimanche des rameaux, le fort de Mahicoulis a eu plusieurs attaques à soutenir, et vers six heures du soir, pendant une de ces attaques, l'officier qui commandait dans ce fort, a été atteint et mortellement blessé par une balle ennemie. Malgré cela, le fort ne s'est pas rendu.

La place a été si étroitement resserrée ce jour-là, que les tirailleurs de la garnison ont fini par être continuellement aux prises avec ceux de l'armée ennemie, et que très-fréquemment les balles de ces derniers sont tombées sur les remparts et jusque dans la ville, de sorte que toute promenade sur les remparts ou sur la place, était devenue fort dangereuse, sinon impossible.

La nuit suivante, l'ennemi a continué ses tranchées; toutefois il a paru mettre beaucoup plus de soin à se garantir contre le feu de la place qu'à pousser ses travaux avec une grande vigueur.

Cette grande précaution était le résultat des ravages que les projectiles creux, dont on lui avait fait goûter pendant une grande partie de l'après-midi, avaient produits dans les rangs de ses hommes de tranchée.

Pendant toute la nuit on l'a servi de la même façon, et malgré toutes les précautions ses travaux n'ont pas abouti au résultat voulu.

Le jour suivant, 4 avril, l'ennemi voyant le peu de succès de ses travaux, a eu recours à un autre moyen : il a établi à l'angle inférieur du jardin de M. Vondermühl, au Petit-Huningue, une batterie et un boyau de tranchée pour y conduire.

D'après la disposition de cet ouvrage, il paraît que de là, il se proposait de battre la lunette avancée, appelée lunette de Bâle, afin de rendre plus difficile la communication entre l'ouvrage à corne du Haut-Rhin et le corps de la place, pendant que les batteries de la rive droite du fleuve tiendraient en échec le cavalier et le bastion du Haut-Rhin. Cela paraît d'autant plus probable qu'on a remarqué dans la journée des ouvriers dans les batteries de la Wiese.

Dans la place, on ne s'est pas occupé avec moins d'activité des travaux de défense : Les approvisionnements de toutes les batteries ont été complétés ; de nouvelles plates-formes ont été préparées pour recevoir les pierriers, (petits canons), en un mot, tout a été disposé au mieux pour opposer à l'attaque générale et sérieuse qui semblait se préparer une résistance désespérée.

La journée s'est passée assez tranquillement si l'on ne compte pour rien, comme les assiégés avaient l'habitude de faire, une centaine de coups de canon échangés entre les assiégeants et les défenseurs de la place.

Le journal du siége ajoute que les promenades sur les remparts sont devenues extrêmement dangereuses, ce qui a causé dans toute la ville des regrets universels.

La nuit suivante, l'ennemi a continué ses travaux de tranchée, et le feu de la place ne s'est pas ralenti un seul instant.

Le 5 avril, à cinq heures du matin, l'artillerie des alliés a commencé contre Machicoulis une attaque soutenue un instant après par une colonne de trois à quatre cents hommes, qui se sont portés le long du Rhin, en se couvrant de la berge du fleuve, pour donner l'assaut à ce fort.

Ces dispositions étaient si bien prises, et les tranchées que l'ennemi venait de terminer étaient tellement rapprochées qu'il était impossible de conserver ce fort plus longtemps. C'est pourquoi l'officier qui y commandait a donné l'ordre de la retraite et a mis, lui-même, le feu aux fougasses : A cinq heures et demie, la tour a sauté, en remplissant les fossés de ses décombres.

L'ennemi, se voyant maître de cette position, a immédiatement attaqué le fort étoilé.

Les douze hommes qui le gardaient, ne se voyant plus soutenus sur leur gauche, et n'ayant pas de chemin couvert pour assurer leur retraite vers la place, se sont enfuis sans tirer un seul coup de fusil.

Il est incontestable que la position de cette poignée d'hommes n'était pas tenable ; néanmoins l'officier qui les commandait a été blâmé pour n'avoir pas soutenu au moins une première attaque de l'ennemi.

Celui-ci est venu se loger dans les fossés en pous=

sant des *vivats* à faire trembler un sourd : Plus de huit cents hommes s'y sont précipités, aux acclamations de toute la ligne, comme s'il avait été bien glorieux après trois mois de siége et sept jours de tranchée ouverte d'avoir emporté une tour en ruines et un petit fort en terre, ouvert de tous les côtés.

A peine l'ennemi se fut-il logé dans les fossés du fort étoilé, que l'artillerie des remparts se mit à le foudroyer : Les bombes, les obus et les boulets pleuvaient sur lui comme grêle; au loin, les champs étaient labourés par des projectiles de toute sorte et de tout calibre comme si le soc de la charrue les avait sillonnés. Les hommes qui cherchaient à fuir vers les retranchements, pour se soustraire à ce feu meurtrier, étaient enlevés par la mitraille de l'ouvrage à corne du Haut-Rhin.

Malgré les pertes considérables qu'il éprouvait, l'ennemi s'est obstiné à garder sa position : On voyait les officiers ramener les fuyards à coups de canne et les maintenir de force dans les fossés et dans le fort.

Jamais le feu de la place n'avait été ni aussi vif ni d'aussi longue durée que ce jour-là: Depuis le moment de l'attaque, cinq heures du matin, jusqu'à deux heures de l'après-midi, l'artillerie de la place tonna sur les assiégeants qui ne répondaient que faiblement à ce feu formidable. Une épaisse fumée planait sur la ville et les environs. Les bourgeois et jusqu'à des femmes et des enfants rivalisaient de zèle et de courage avec les braves défenseurs de la place pour approvisionner les batteries et servir les pièces sous le feu de l'ennemi qui, sans être bien vif, ne laissa pas que de causer quelque dommage.

L'ennemi a perdu, pendant cette attaque, de 350 à 400 hommes, tués et blessés, tandis que les assiégés n'ont eu que deux hommes de tués et un nombre peu considérable de blessés. Ce nombre n'est pas indiqué.

On estime que dans cette journée du 5 avril, pendant la prise de Machicoulis et du fort étoilé, il a été consommé à Huningue 1,350 kilogrammes de poudre sans compter les charges des mines qui ont fait sauter Machicoulis.

Dès que les premiers ouvrages avancés de la place furent tombés entre les mains de l'ennemi, la défense de l'ouvrage à corne devenait de la plus haute importance.

Ce fort n'était plus garanti que par les deux lunettes de Bourglibre et de Bâle, qui elles-mêmes ne pouvaient guère résister à une attaque sérieuse.

On a employé tout le restant de l'après-midi du cinq pour refaire les approvisionnements des remparts, et pour accumuler des moyens de défense dans l'ouvrage à corne.

Dans la nuit du cinq au six, l'ennemi a ouvert une nouvelle tranchée en commençant au bord du Rhin, à environ cinquante mètres en avant de Machicoulis. Ce nouveau boyau a été raccordé au fort étoilé ainsi que la seconde parallèle qui a été poussée avec une grande vigueur pour venir rejoindre près du même fort la première partie de ce travail.

Ces deux ouvrages ont été continués pendant toute la nuit, malgré le feu de la place qui ne s'est pas ralenti un seul instant.

En outre, l'ennemi a continué sur la rive droite du fleuve, le boyau de tranchée qui commençait sous Petit-Huningue et qu'il a poussé jusque vis-à-vis du centre de la place, au bord du bras du Rhin, formant l'île des cordonniers, où s'était trouvée l'ancienne tête du pont de Huningue.

Ce travail était destiné à menacer l'entrée des eaux et le bastion No 15 ; aussi s'est-on immédiatement occupé à vider le magasin à poudre qui se trouvait dans l'orillon de ce bastion.

Pendant cette même nuit, la lunette de Bourgfeld a été attaquée. L'ennemi a cru sans doute en avoir bon marché ; mais il s'est joliment trompé : Reçu par un feu bien dirigé, et repoussé avec une énergique résolution, il a été obligé de se retirer dans le plus grand désordre, laissant le terrain jonché de morts et de blessés.

Le six avril, les rations de pain ont été diminuées; à partir de ce jour, les hommes ne recevaient plus que 500 grammes de pain par jour et par individu. D'un autre côté et pour faire compensation, on a augmenté les portions de riz et on a distribué journellement aux troupes une ration d'eau-de-vie par homme.

Dans la journée du six, à deux heures de l'après-midi, un parlementaire du général Zollern est venu demander à parler au comte de Marmier, colonel du régiment de la Haute-Saône, auquel il a remis la capitulation de Paris. Il a ajouté que le Sénat s'était mis à la tête du gouvernement, et que la plus grande tranquillité régnait dans la capitale où les empereurs d'Autriche et de Russie venaient de faire leur entrée, tandis que l'empereur Napoléon s'était retiré à Orléans.

Puis il a parlé de la reddition de Huningue qui, selon lui, ne pouvait plus tenir longtemps, vu qu'elle n'avait à espérer aucun secours ; on ne devrait donc pas balancer à accepter la capitulation honorable que les alliés étaient prêts à offrir à la place et à la garnison.

On a répondu à tout cela comme il convenait, et on a renvoyé le parlementaire comme il était venu.

De nouveaux convois venant de France, sont entrés à Bâle.

Dans la journée du sept avril, l'ennemi n'a pas entrepris de nouveaux travaux ; mais il a perfectionné ceux qui étaient en cours d'exécution. Un grand nombre d'ouvriers étaient occupés vers Bourglibre et sur la rive droite du fleuve ; on les a continuellement inquiétés : Il aurait fallu six cents hommes pour faire une sortie, chasser · les ouvriers et combler leurs travaux ; mais, hélas ! on ne les avait plus !

Dans la matinée du sept, un convoi de plus de quatre cents voitures chargées de poudre et de munitions de guerre est entré en France.

Le huit avril, le commandant de place a taxé les habitants pour une contribution de guerre de *douze cents francs*, à valoir sur leurs contributions de 1814. Le rôle de répartition se terminait ainsi. « Au paiement desquelles sommes les contribuables seront contraints par toutes les voies dues et raisonnables, même par exécution militaire (ce qui étai(très-raisonnable, ajoute le journal) comme pour les propres deniers de Sa Majesté l'Empereur et Roi.

L'ennemi a continué à perfectionner ses travaux : Il a assez exhaussé les épaulements de ses parallèles, pour les mettre à l'abri du boulet.

Dans la journée du neuf avril, il a placé une batterie dans sa seconde parallèle sur la rive droite du fleuve. Aussitôt que les assiégés s'en sont aperçus, ils ont ouvert sur cette batterie un feu tellement vif, qu'en moins d'une heure on n'en a plus vu la moindre embrasure. On a aussi tiré du côté de Bourglibre, et le feu de la place a continué toute la journée.

Dans la matinée, un parlementaire est venu annoncer aux assiégés, qu'on allait tirer dans le camp ennemi cent coups de canon pour célébrer la capitulation de Paris. Longtemps auparavant déjà, les avant-postes des assiégeants avaient jeté un grand nombre d'exemplaires de cette capitulation sur les routes et les chemins conduisant vers Huningue, afin de les faire parvenir à·la garnison de la place.

A une heure de l'après-midi, un second parlementaire a été annoncé : Il a apporté des journaux dont le contenu n'a pas été immédiatement connu.

A cinq heures du soir, un troisième parlementaire a été reçu aux avant-postes.

Le dimanche 10 avril, c'était la fête de Pâques. La veille on avait fait aux troupes une distribution de viande de cheval, à laquelle Messieurs les officiers avaient participé.

Quant à Messieurs les officiers supérieurs, une douzaine des principaux d'entre eux s'étaient procuré un veau gras qu'ils comptaient se partager pour le repas de fête ; mais dans la nuit du samedi au dimanche, ce veau a été volé, et il n'a pas été possible d'en retrouver la moindre trace. — Quelle déception, et comme les voleurs ont bien fait de s'éclipser complétement ! Si on les avait découverts, leur sûreté aurait été singulièrement compromise.

Sauf ce petit incident, la nuit qui a précédé la fête de Pâques a été tranquille ; mais le réveil n'était guère rassurant : L'ennemi venait de démasquer onze batteries dans sa seconde parallèle, sans compter les anciennes, et surtout celles de la rive droite, les plus tracassières de toutes.

« Si ces batteries sont armées, dit le journal du siége, leur front d'attaque présente soixante bouches à feu, ce qui est beaucoup plus que nous ne désirons. »

A dix heures du matin, un parlementaire est sorti de Huningue pour répondre aux dépêches que l'ennemi avait fait transmettre le jour précédent à la place. Aussitôt, ordre a été secrètement donné aux artilleurs de cesser le feu. L'ennemi de son côté n'a plus tiré sur Huningue, de sorte qu'il en est résulté une suspension d'hostilités, une espèce d'armistice tacite, dont ni les conditions ni la durée n'avaient été préalablement débattues.

D'après les bruits qui ont transpiré, les dépêches communiquées à la place auraient assuré qu'une grande révolution s'était opérée en France, que le gouvernement avait changé de forme, etc.

4

Le parlementaire de Huningue a été chargé de demander des assurances positives sur ces importants événements. Cette demande a été accordée et une trève en a été la suite.

Au bout de cinq minutes, cette nouvelle s'est répandue par toute la ville. Alors tous les visages se sont déridés ; la joie brillait dans tous les yeux. Ce seul instant d'espoir faisait oublier trois mois de souffrances.

La joie des militaires n'était guère moins vive que celle des bourgeois ; on courait à l'envi sur les remparts ; la campagne fourmillait de promeneurs ; les troupes ennemies étaient sorties des tranchées et nos soldats se mêlaient avec elles. Les habitants de Bâle accouraient en foule, tant sur la rive droite que vers Machicoulis et sur le rideau de Bourglibre ; tout le monde fêtait cette journée qui présageait aux assiégés une prochaine délivrance. — Quel dommage que ce malencontreux vol du veau gras ait gâté la fête à Messieurs les officiers supérieurs !

Le Lundi de Pâques, 11 avril, à 9 heures du matin, le colonel du génie et un chef de bataillon ont eu une entrevue avec le général Zollern, qui les attendait près de Michelfeld. Cette entrevue a duré une demi-heure, après quoi les deux parlementaires sont rentrés dans la place. Aussitôt, tous les chefs de corps se sont rendus sur la porte de France, pour délibérer sur ce qu'il y avait à faire.

Cette délibération a été terminée à midi et demi et transmise à quatre heures du soir au quartier général de Bourglibre, par le colonel du génie Pinot, et les chefs de bataillon Butard et Glaubitz. Ces trois parlementaires sont rentrés à Huningue à 7 heures et demie du soir.

Malgré tous ces pourparlers, et tous ces bruits de paix, on s'est occupé toute la journée à approvisionner les batteries des forts et des remparts ; seulement on y a mis quelques précautions, afin que l'ennemi n'en eût aucune connaissance.

Lui de son côté a fait travailler dans les tranchées, surtout vers le soir, et à mesure que la nuit devenait plus noire, on remarquait que l'activité de ces travaux augmentait. Tout cela n'annonçait guère des intentions pacifiques, et les gens timides et prudents étaient loin d'être rassurés.

La rentrée des parlementaires, dont le mécontentement était visible, faisait présager une prochaine reprise des hostilités.

Enfin, à dix heures du soir, quelques coups de fusil tirés aux avant-postes et suivis un instant après d'un feu roulant sur toute la ligne, ont été le prélude de la soirée la plus désastreuse : Soixante bouches à feu, en batterie sur les remparts, vomissaient la mort dans les retranchements ennemis. On battait la générale ; en un clin d'œil chaque homme était à son poste. A onze heures, les batteries ennemies ont commencé à répondre au feu des assiégés et la canonade est devenue générale.

Le feu a été terrible pendant toute la nuit. Les batteries ennemies, qui se croisaient dans tous les sens, jetaient l'épouvante parmi les habitants qui s'attendaient tous à trouver leurs maisons en ruines en sortant des casemates.

Cependant, le feu principal s'est dirigé sur les batteries de la place, et comme l'ennemi pointait généralement trop haut, le mal n'a pas été aussi grand qu'on l'aurait supposé.

Les postes les plus dangereux étaient au bastion No. 15 et au cavalier du Haut-Rhin ; l'ennemi avait dirigé sa principale attaque sur ces deux forts : Les bombes, les obus et les boulets y pleuvaient comme grêle. Cinq ou six pièces y ont été démontées ; mais quelques-unes ont été remises un instant après en état de service.

Du côté de l'ouvrage à corne du Bas-Rhin, le feu était moins vif.

A la pointe du jour, après un intervalle de dix minutes, les batteries ennemies, voyant que pendant la nuit on avait visé trop haut, commençaient à tirer plus bas ; à partir de là, chaque volée emportait quelques débris. ; aussi, à partir de six heures du matin, les maisons de la ville ont-elles beaucoup souffert.

Dans la matinée, les artilleurs de la place, excédés de fatigue, ralentissaient insensiblement le jeu de leurs pièces et ne tiraient plus que par intervalles ; enfin, à une heure de l'après-midi, le feu a cessé, et on a annoncé un parlementaire qui venait demander une suspension d'hostilités et communiquer de nouvelles dépêches aux assiégés.

A deux heures, tout le monde sortait des casemates, et chacun se dirigeait d'un air morne et abattu vers sa maison, devenue peut-être inhabitable ; car pendant tout le siége, jamais la ville n'avait essuyé un feu aussi désastreux que celui qu'elle venait d'essuyer :

S'il avait continué pendant vingt-quatre heures, il n'eût pas resté pierre sur pierre.

La perte en hommes était insignifiante du côté des assiégés : On ne comptait que deux tués et dix blessés.

De nouveaux parlementaires sont sortis de la place dans la journée du 12, pour renouer les négociations si malheureusement interrompues la nuit précédente.

L'effectif de la garnison, en hommes valides, capables de faire le service, n'était plus le 13 avril que de neuf cents hommes. Comme il en fallait six cents pour monter la garde, occuper les forts et faire le service de la place, sur les remparts et aux avant-postes, trois cents d'entre eux étaient pris deux jours de suite, et ne jouissaient de quelque repos que de trois jours l'un.

Dans la journée du 13, à 8 heures du matin, le colonel Lentz et le chef de bataillon Butard se sont rendus au quartier général ennemi à Bourglibre. Une voiture est venue les prendre aux avant-postes, d'où ils ont renvoyé leurs chevaux.

A Huningue, on attendait avec impatience le résultat des négociations ; mais rien n'a transpiré à ce sujet. Les parlementaires ont passé la nuit au quartier général des alliés, et dans la journée du 14 avril, le maire de Huningue y a été mandé par un parlementaire.

Ce même jour, à cinq heures du soir, MM. Lentz et Butard sont rentrés dans la place. Une heure plus tard, une voiture, la première qu'on ait vue à Huningue depuis quatre mois, a amené aux avant-postes plusieurs dames qui rentraient dans leurs familles, et que d'autres avaient déjà précédées à pied.

A sept heures, tous les officiers de la garnison ont été mandés sur la porte de France, où on leur a soumis les propositions de capitulation faites par les alliés, et qui étaient les suivantes :

1. La garnison adhérera au décret du Sénat en date du 5 avril, qui déclare l'empereur déchu du trône et reconnaît Louis XVIII comme roi de France.

2. Les alliés occuperont concurremment avec la garnison française la forteresse de Huningue jusqu'au 22 avril, où les défenseurs de la place déposeront les armes et remettront aux troupes alliées leur artillerie, leurs arsenaux, magasins et munitions de guerre, etc...

Des débats fort vifs ont eu lieu : Les sentiments les plus patriotiques ont fait explosion et tout le monde protestait avec la plus grande énergie contre une capitulation par suite de laquelle les vaillants défenseurs de Huningue devaient sortir désarmés de la place.

Enfin, alliant ce que comportait l'honneur militaire, avec ce que la raison et les circonstances semblaient commander, on s'est décidé à reconnaître le fait accompli d'un changement de gouvernement, et à recevoir une partie des troupes alliées pour faire le service de la place concurremment avec la garnison française jusqu'à ce que le nouveau gouvernement, de concert avec les puissances alliées, eût statué sur le sort ultérieur de la place.

Ce résultat a été immédiatement transmis au quartier général des alliés.

Le lendemain matin, 15 avril, les parlementaires français ont rapporté l'adhésion du général Zollern aux modifications proposées la veille, et dans la matinée la convention pour l'occupation de Huningue a été signée.

Cette nouvelle a été accueillie avec joie, ce qui n'étonnera personne, quand on songe que c'était pour les habitants et la garnison un jour de liberté après cent seize jours de misère et de larmes !

La garnison de Huningue, formée de conscrits et de cohortes urbaines, espèce de garde nationale du Bas-Rhin et de la Haute-Saône, n'ayant point d'artillerie de siége ni pièces de gros calibre, presque dépourvue de moyens d'existence, n'ayant ni remèdes à offrir à ses malades ni médecins pour les soigner, venait de défendre glorieusement une place dont les moyens de défense étaient très-restreints. Son dévouement, sa patience, son courage et son patriotisme, dignes des plus grands éloges, lui ont suffi pour conserver à la France cette clef de l'Alsace du côté de la Suisse, malgré tous les efforts d'un ennemi dix fois plus nombreux qu'elle et qui prouvait chaque jour, par des efforts constants, la grande importance qu'il attachait à la conquête de cette place.

Pendant les quinze premiers jours du mois d'avril, cent dix-sept personnes sont mortes dans la place ; parmi les trépassés 57 avaient appartenu au 7e léger, 27 au régiment de la Haute-Saône, 16 au Bas-Rhin, 3 à des corps divers et 14 aux habitants de la ville.

Le total général des personnes mortes à Huningue pendant toute la durée du siége est de 675, dont 587 soldats y compris sept prisonniers bavarois, et 88 habitants de la ville.

La population qui avait été de 779 âmes au commencement du siége devait donc se composer après la capitulation, de 691 personnes de tout âge.

La garnison qui avait été forte de 3,600 hommes, ayant perdu 587 de ses membres par les balles ennemies ou les maladies, devait encore se composer de 3,013 soldats, et il ne restait plus que 900 hommes valides, plus une centaine de malades dans les hôpitaux.

Qu'on juge de l'énergie qu'il a fallu à cette poignée de braves, au milieu de peines, de fatigues et de privations sans nombre, affligés surtout d'une désertion qui les privait des deux tiers de ceux qui étaient appelés à cette héroïque défense, pour rester fidèles à leur poste au milieu de tant de calamités !

Les héros de ce siége mémorable ont supporté avec un stoïque courage toutes les misères : ils ont résisté jour et nuit aux assaillants, et bien plus encore aux tentations de la liberté qui leur souriait hors de ces murs qu'ils avaient juré de défendre et ils n'ont abandonné la place à l'ennemi que par suite d'une capitulation dont ils avaient eux-mêmes débattu et modifié les conditions.

Quel noble courage, et qu'on a raison de dire que le patriotisme enfante des héros !

Le 16 avril, à 8 heures du matin, la garnison étant sous les armes sur la place, et les postes étant occupés comme les jours précédents, les troupes alliées ont fait leur entrée à Huningue au bruit des tambours, des fanfares et de plusieurs musiques.

Au milieu de l'état-major, plus nombreux que riche, et où les chevaux l'emportaient de beaucoup sur les hommes, on remarquait les deux princes russes, Michel et Nicolas, frères de l'empereur Alexandre.

Ce spectacle eût été beau pour tout autre qu'un Français qui chérit sa patrie et gémit d'y voir ses ennemis commander en maîtres sous le nom *d'alliés*.

C'est ainsi que finit le 16 avril 1814 ce siége mémorable, qui avait commencé le 21 décembre 1813.

Capitulation.

Convention passée entre la garnison de Huningue et les troupes austro-bavaroises faisant le siége.

Ce jourd'hui quatorze avril mil huit cent quatorze, en vertu des pouvoirs échangés par MM. Lentz, colonel commandant du régiment du Bas-Rhin, et Butard, chef de bataillon du 7e régiment d'infanterie légère, tous deux nommés par M. le colonel Chancel, commandant d'armes de Huningue, d'une part ;

Et MM. de Palm, colonel commandant du 6e régiment d'infanterie de ligne bavaroise, baron de Bittner, major à l'état-major d'Autriche, de Guyot du Ponteil, capitaine, premier aide-de-camp de M. le général de division baron de Zoller, tous trois nommés par M. le général de division bavarois, baron de Zoller, commandant des troupes austro-bavaroises formant le siége de Huningue, d'autre part ;

Les parties sont convenues de ce qui suit :

Art. 1er. — M. le commandant d'armes de Huningue et sa garnison, ayant déjà adhéré par la lettre qu'il a écrite, en réponse à celle de M. le général de division, baron de Zoller, du 11 avril 1814, au nouveau gouvernement, sous la protection des hautes puissances alliées, donnera par un acte authentique une nouvelle preuve de son adhésion qui sera envoyée, par M. le général, à Paris.

Art. 2. — M. le commandant de la garnison et de la forteresse de Huningue déclare, ainsi que sa garnison, qu'en vertu du décret du gouvernement provisoire du 2 avril, ils sont entièrement dégagés de tout serment qu'ils avaient prêté à Napoléon Bonaparte.

Art. 3. — M. le commandant et la garnison de Huningue reconnaissent pour leur légitime souverain, Louis-Stanislas-Xavier, nommé roi de France en vertu de la constitution adoptée par le sénat du 6 courant et lui jurent fidélité. Les déclarations renfermées dans les précédents articles se trouvent constatées par les actes joints à la présente convention.

Art. 4. — Le jour après la ratification de la présente, la place et forteresse de Huningue sera occupée par un nombre de troupes alliées égal à la force des hommes disponibles pour le service, et les hostilités cessent pour toujours de part et d'autre.

Art. 5. — Toute propriété quelconque de l'ancien

gouvernement sera, par des commissions nommées de part et d'autre, constatée et inventoriée dans les deux premiers jours de l'entrée des troupes alliées, et surveillée en commun, jusqu'à ce que le nouveau gouvernement et les puissances alliées en auront autrement ordonné.

Tout le service de la place sera fait par égales portions. M. le général baron de Zoller nommera, au nom de Louis XVIII et des puissances alliées, le commandant d'armes.

Art. 6. — Tous les prisonniers de guerre seront de suite rendus après la ratification.

Art. 7. — Les soldats de la garnison qui ne seraient point sujets de l'ancienne France avant la révolution, seront rendus à leurs souverains respectifs, si, dans huit jours après l'entrée des troupes alliées, il n'en est pas ordonné autrement par les puissances alliées.

Art. 8. — D'après les ordres du gouvernement et ceux des puissances alliées, les gardes nationales rentreront dans leurs foyers, et on fournira des voitures pour le transport des officiers et de leurs effets.

Art. 9. — La présente convention sera ratifiée dans la matinée du 15 avril 1814.

Ainsi arrêté, sauf la ratification de part et d'autre.

Fait et clos à Bourglibre (Saint-Louis) le 15 avril, à une heure du matin, l'an 1814.

Palm, colonel, Baron Bittner, major ; De Guyot de Ponteil capitaine, aide de camp ; Lentz, colonel du régiment du Bas-Rhin ; Butård, chef de bataillon.

Approuvé et ratifié dans toute sa teneur.

Le conseil de défense de la place.

Pinot, colonel, commandant le génie.

Lalhier, chef de bataillon. commandant l'artillerie ;

Aspelli, major au 7e léger ;

Comte Marmier, chambellan de l'empereur, colonel du régiment de la Haute-Saône ;

Colonel Chancel, commandant d'armes.

Ratifié dans toute sa teneur par le général de division, commandant les troupes de siége, comme gouverneur provisoire de Huningue. — Baron de Zoller.

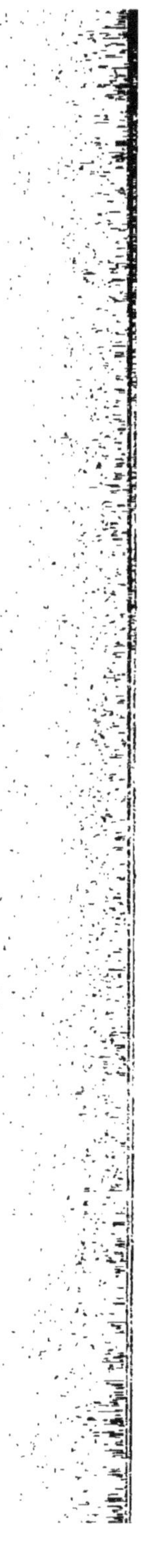

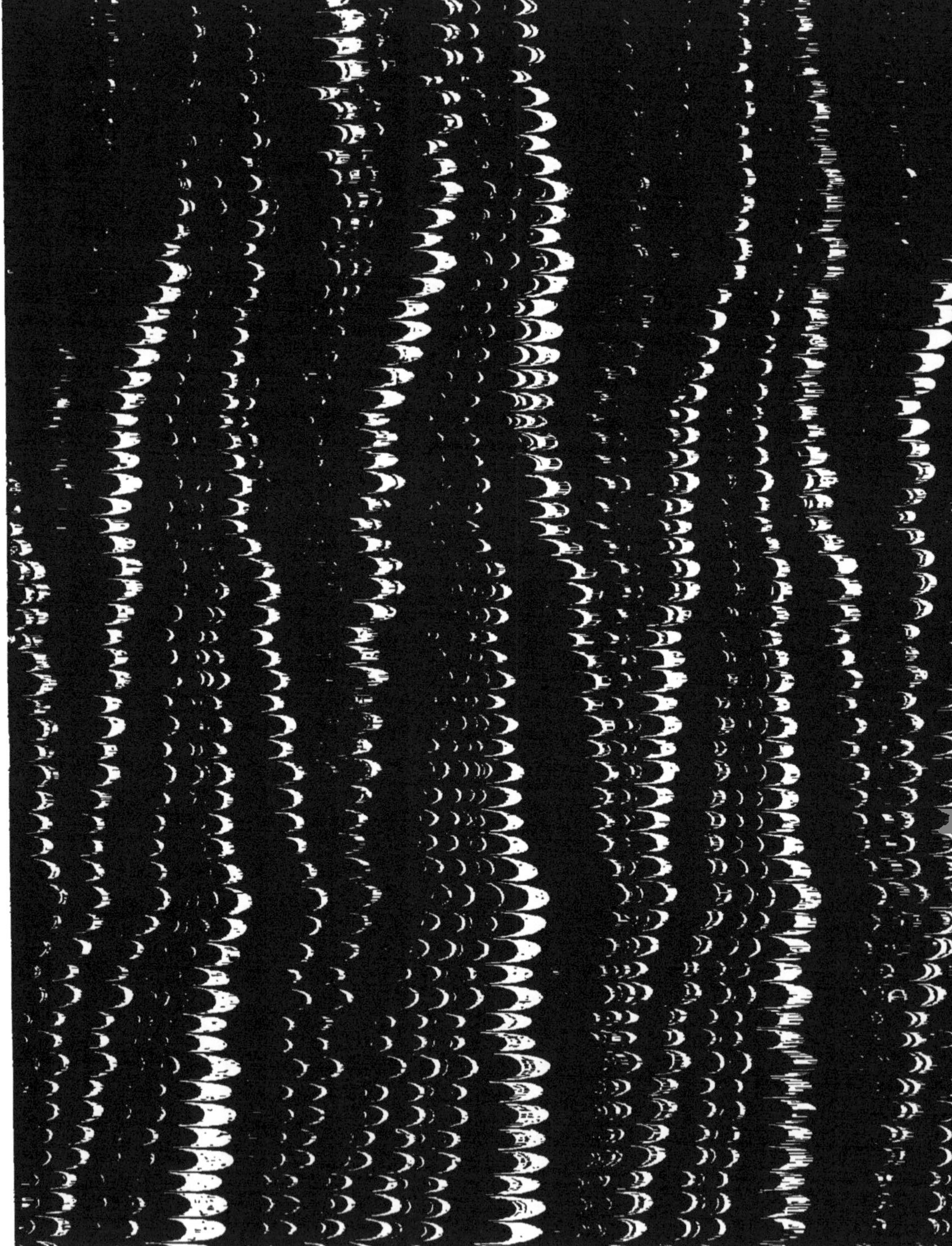

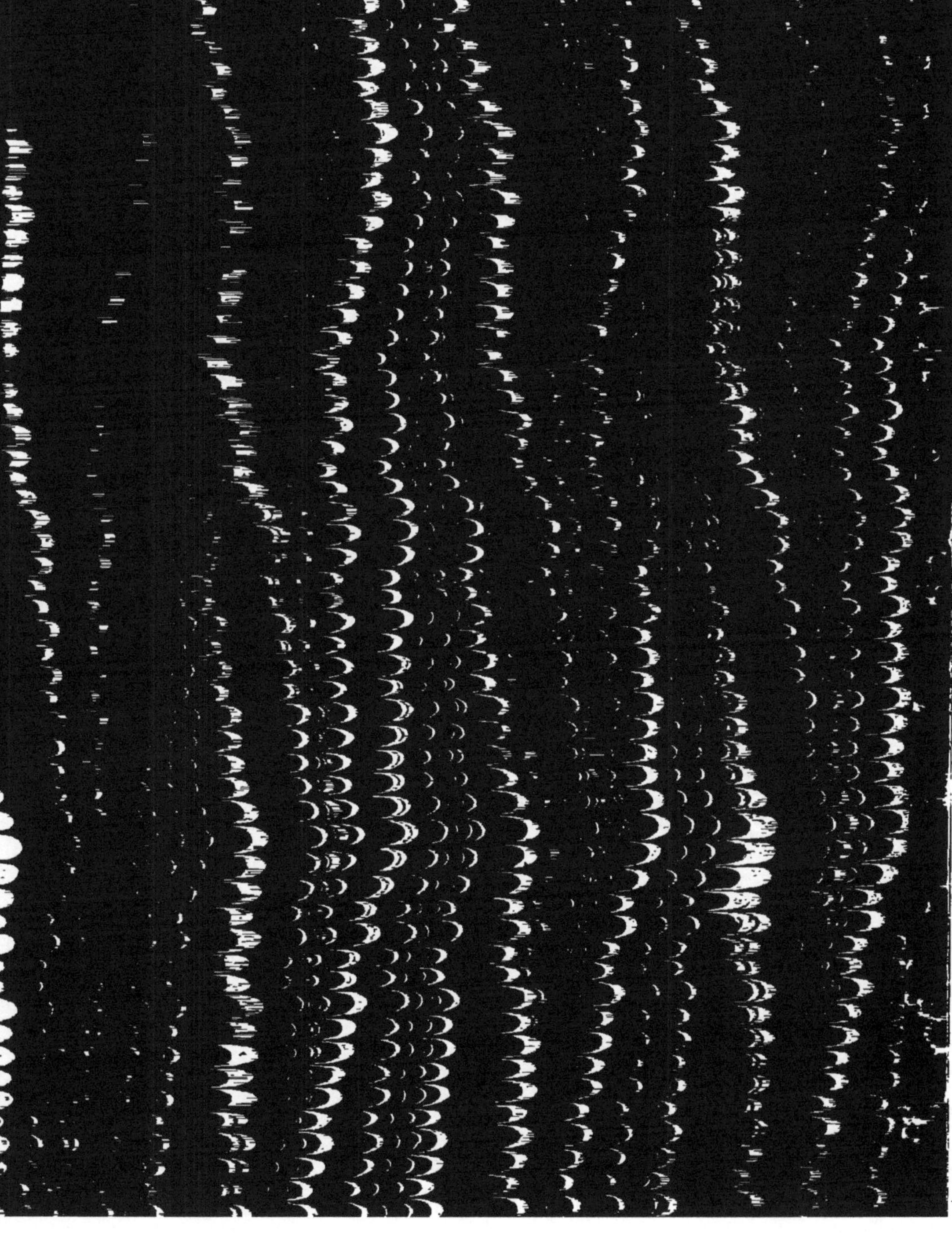

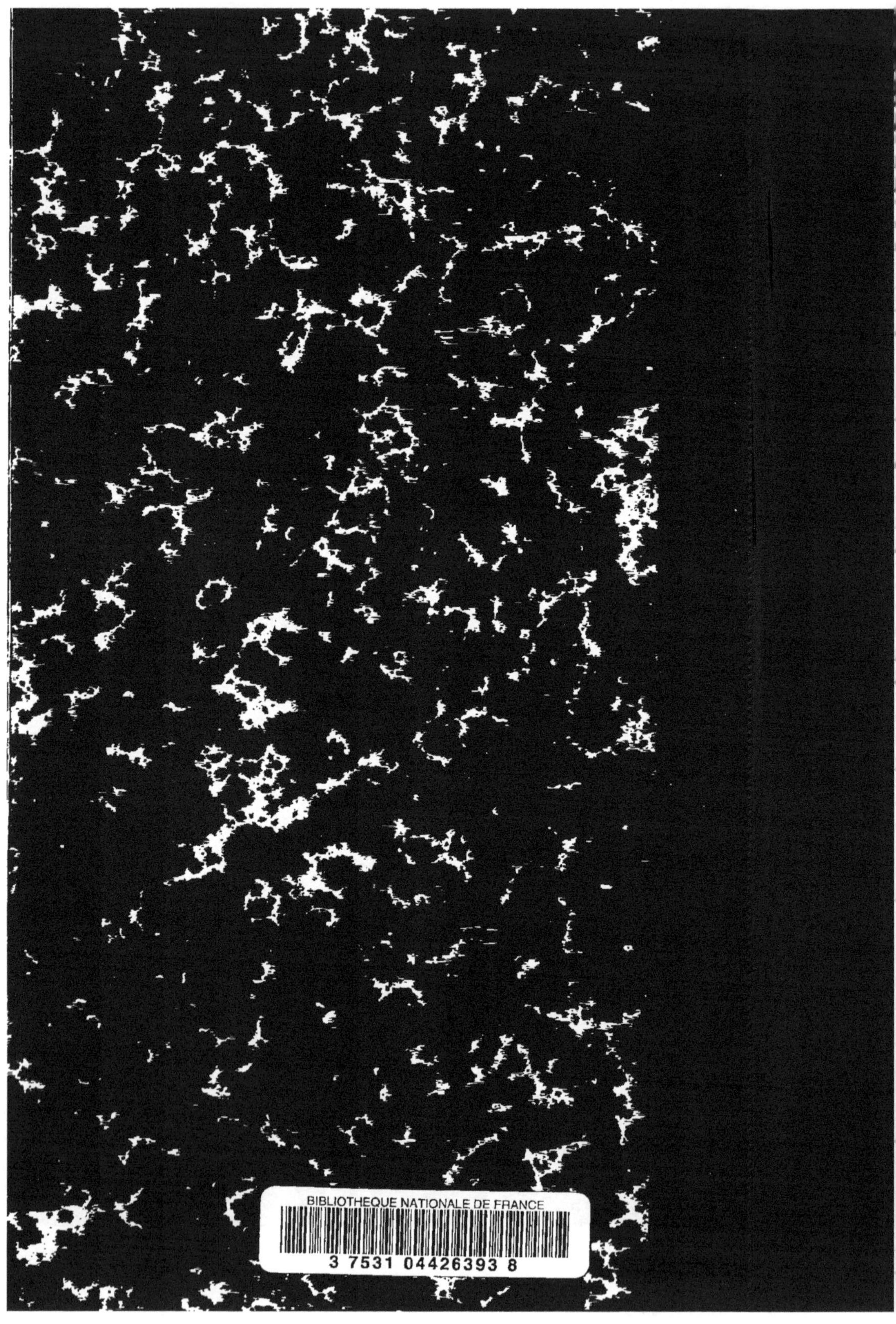

9 782013 684446